PREMIER FASCICULE

L'ART DE LA GUERRE

A

L'EXPOSITION

D'ÉLECTRICITÉ

DE PARIS EN 1881

Par Victor FLAMACHE

CAPITAINE-COMMANDANT D'ARTILLERIE BELGE
ADJOINT D'ÉTAT-MAJOR

ÉDITION NUMÉROTÉE

BRUXELLES
IMPRIMERIE A. LEFÈVRE
9, rue Saint-Pierre, 9

1882

L'ART DE LA GUERRE

A L'EXPOSITION D'ÉLECTRICITÉ DE PARIS EN 1881.

INTRODUCTION.

L'application de l'électricité à l'art de la guerre s'impose chaque jour davantage.

Depuis l'expérience en grand que la guerre de la sécession en 1862, fit de l'emploi des agents électriques dans l'éclairage des passes, dans la mise à feu des mines sous-marines, des torpedos, dans la télégraphie surtout, la science militaire a inscrit à son programme la connaissance parfaite des usages multiples de l'électricité.

Malheureusement, il s'écoule bien des années avant que les nouvelles découvertes n'aient vaincu la résistance que la routine oppose aux innovations. Aussi les auteurs, rendus circonspects par cet antagonisme, n'osent que timidement décrire les appareils nouveaux. Plusieurs traités de physique, dont les dernières éditions portent un millésime récent, ne mentionnent ni le téléphone, ni les lampes à incandescence, ni les machines dynamo-électriques. On peut même affirmer qu'il n'existe actuellement pas d'ouvrage absolument complet, et que vu les nombreuses découvertes qui surgissent à chaque instant dans le champ si vaste de l'électricité, il n'est pas possible d'en éditer un. Le seul système pratique est de condenser les journaux de science paraissant périodiquement.

C'est le résultat de ce travail que nous nous proposons de développer, après avoir essayé de mettre en concordance des renseignements bien souvent contradictoires, surtout lorsqu'ils traitent des sujets au point de vue de l'exploitation industrielle.

Notre but a donc été de réunir en un seul tout, non-seulement les documents relatifs à ce qui formait l'exposition des diverses armées, mais encore les descriptions d'inventions récentes auxquelles l'art de la guerre devra recourir dans un avenir prochain.

Cette étude nous a semblé incontestablement utile, et, confiants dans la bienveillance de ceux auxquels elle s'adresse, nous la livrons à la publicité.

Division du sujet. — L'étude de l'électricité appliquée à l'art de la guerre se divise en quatre parties :

1re *Partie* : la télégraphie comprenant :
   a) la télégraphie proprement dite ;
   b) la téléphonie ;
   c) la télégraphie optique.

2e *Partie* : la lumière électrique dont les deux subdivisions sont l'éclairage du terrain extérieur, des remparts et des terre-pleins, et l'éclairage des locaux.

3e *Partie* : L'emploi de l'électricité comme force motrice.

4e *Partie* : les applications diverses : chronomètres, maréomètres, signaux de tir ou block-cibles, mise à feu d'engins explosifs, etc , etc.

Le 1er fascicule traite les 1re et 2e parties ; nous avons évidemment admis que nos lecteurs ont à leur disposition la description des appareils qui sont du domaine public ; un traité de physique quelconque est suffisant.

TÉLÉGRAPHIE MILITAIRE.

Il a été créé dans la plupart des armées des corps spéciaux chargés de l'établissement des communications entre le Quartier général et l'Etat-major des corps, des divisions et même des brigades.

On veut même pousser plus loin encore ce mode de transmission des ordres. Les appareils militaires ne diffèrent des appareils civils que par leur moindre volume et leurs dispositions plus ou moins ingénieuses ; chaque constructeur a un modèle dans lequel on retrouve un type unique : l'appareil Morse à rouleau et tampon. Mais où le progrès a été constaté, c'est dans l'établissement des lignes et dans les voitures-bureaux. Avant d'y arriver occupons-nous de la partie indispensable c'est a dire des piles.

Les piles se rattachent toutes à quelques types : Bunsen, Daniel, Leclanché, dont la description se trouve dans tous les ouvrages. La télégraphie civile est déjà parvenue à employer des machines dynamo-électriques, mais la dépense en combustible, l'entretien des machines à vapeur, les difficultés de transport ont jusqu'ici fait rejeter l'emploi de ces producteurs d'électricité dans la télégraphie de campagne.

Il serait cependant désirable de posséder une source électrique peu encombrante, puissante et pouvant à un moment donné être mise à contribution.

Depuis quelque temps, on assure que les accumulateurs Faure, ou tout autre, répondront à ces conditions ; aussi nous croyons devoir en faire une étude spéciale.

On appelle *accumulateur* (nom très mal donné du reste) ou pile secondaire tout assemblage acquérant temporairement les propriétés des piles après avoir été interposé pendant un certain temps dans un circuit voltaïque ordinaire.

Donc il faut une pile principale pour électriser la secondaire, que l'on peut garder ouverte, c'est-à-dire inactive par suite de la séparation des électrodes, pour s'en servir si besoin est en en fermant le circuit.

Volta, Erman, Ritter avaient déjà étudié scientifiquement ces phénomènes. Planté entreprit en 1859 des expériences d'où sont nées les piles secondaires. A ce savant revient la plus grande part de la découverte.

Pour bien saisir la théorie des accumulateurs, la connaissance parfaite de la polarisation est indispensable ; rappelons-en les principes. Lorsqu'un courant d'une pile P traverse une dissolution saline V (fig. 1), l'oxygène et l'acide se transportent à l'électrode positive M et le métal à l'électrode négative N.

Si on enlève la communication avec la pile P et si l'on forme un nouveau circuit en réunissant les deux lames M et N par un nouveau conducteur *a c b*, les éléments accumulés autour des électrodes M et N ou sur les lames elles-mêmes se combinent et on observe un courant marchant de *a* vers *b* dans le fil extérieur et de N à M dans le liquide, c'est-à-dire de sens contraire à celui de la pile. Ce courant dure jusqu'à ce que les éléments métal et acide réduits par le courant principal se soient combinés de nouveau. Si le liquide du vase V est de l'eau pure ou acidulée, il y a dégagement d'oxygène en M et d'hydrogène en N ; malgré cela, il reste des bulles de gaz qui adhèrent aux deux lames et produisent un courant lorsqu'on réunit ces lames par un conducteur.

Si même on enlève les 2 lames M et N du vase V pour les plonger dans une autre dissolution qui n'ait pas été traversée par le courant principal, il y a néanmoins production de courant.

La propriété acquise par les deux lames qui ont été les extrémités des électrodes, propriété résultant du dépôt qui se forme sur ces lames, se nomme polarisation et

le courant produit : courant secondaire ou de polarisation ; enfin, si on enlève le
dépôt en frottant les lames, aucun courant ne se manifeste plus.

Au lieu d'un appareil unique de décomposition, on peut en avoir plusieurs placés
à la suite les uns des autres, formés par une auge AB (fig. 2) divisée en compartiments au moyen de lames de platine EFG ; les compartiments renferment de l'eau
acidulée. Quand on plonge dans les compartiments extrêmes deux électrodes C et D,
le courant traverse tout l'appareil et dans chaque cellule il y a décomposition de
l'eau. L'oxygène se rassemble sur l'une des lames de platine, l'hydrogène sur l'autre.
En interrompant le courant excitateur, et en complétant le circuit des lames C et D,
on obtient un courant d'autant plus intense qu'il y a un plus grand nombre de cel-
lules, car chacune d'elles forme un élément distinct.

Si l'on remplace les électrodes de platine par des électrodes en plomb, le courant
secondaire augmente de durée, car l'oxygène forme, avec le plomb, du peroxyde de
plomb dont l'affinité pour l'hydrogène est très grande.

La polarisation agit évidemment pendant la marche du courant et affaiblit celui-ci.
Si les corps qui se transportent aux électrodes sont ramenés à l'état neutre, les
électrodes ne sont pas polarisées.

Les lames polarisées ne peuvent conserver indéfiniment leur différence, bien
qu'aucun conducteur ne soit interposé. Dès la suppression du courant excitateur, la
recomposition de l'eau par les gaz déposés sur les lames se produit, mais elle est
très lente, et cette particularité permet d'utiliser la décharge secondaire après un
temps assez long.

PILE PLANTÉ.

La pile secondaire de Planté est formée de lames de plomb enroulées parallèlement en spirale et séparées par des bandes en caoutchouc. On les plonge dans le
liquide acidulé, puis on doit les *former* en faisant passer plusieurs fois et en sens
inverse un courant excitateur.

Lorsque la couche de peroxyde est assez épaisse, la pile est formée et on doit
toujours la charger dans le même sens. Un commutateur permet d'avoir l'électricité
en tension ou en quantité.

Les détails suivants permettront de se faire une idée nette de cette source d'électricité : il faut 10 minutes pour charger un élément Planté avec deux Bunsens.

Quand on sépare l'élément secondaire du courant principal, il vaut en force
électro-motrice une fois et demie le Bunsen. Notre conviction est qu'après deux ou
trois jours la puissance de la pile secondaire est déjà affaiblie ; on peut évidemment
charger ces piles avec les machines dynamo-électriques.

ACCUMULATEUR FAURE.

Les accumulateurs de M. Faure sont une modification intéressante des piles
Planté. Ce savant a rendu la formation plus profonde et plus rapide en recou-
vrant chacune des lames avec du minium retenu par une pièce de feutre rivée sur
la lame de plomb. On forme cette pile comme nous l'avons vu ci-dessus, et comme
les couches sont plus épaisses la capacité d'emmagasinement se trouve augmentée.
Dans quelle proportion ? Quarante fois, disent les intéressés ; une fois et demie, affir-
ment quelques expérimentateurs. Il est à regretter que cette question n'ait pas été
tranchée à l'Exposition ; mais ce n'est pas en chargeant les accumulateurs avec les machines Siemens, comme on l'a fait ; ce n'est pas non plus en utilisant le soir même

le chargement fait quelques heures auparavant, qu'on pouvait donner à la science pure d'une conviction sincère.

Avant M Faure et depuis ses travaux, d'autres savants se sont occupés des piles secondaires; plusieurs types ont vu le jour, et il est à espérer qu'on arrivera bientôt à des résultats incontestablement sérieux; dès ce moment, l'emploi de l'électricité sera centuplé.

Actuellement, l'art militaire ne peut tirer aucun parti de ces ingénieux régénérateurs de fluide; en effet, la durée d'activité est encore trop restreinte, l'adhérence des sels et des gaz n'est pas suffisante pour permettre les maniements brusques que subissent sans inconvénient les piles ordinaires.

Enfin, jusqu'ici le but poursuivi n'est pas encore atteint, puisque, comme nous l'avons vu, la tension électrique se perd par suite du repos prolongé. Cet inconvénient capital pour les applications militaires n'est pas aussi grand dans l'industrie, où l'on ne s'approvisionnera d'électricité que quand on en aura besoin. En campagne, au contraire, si la provision apportée était disparue ou même notablement diminuée lorsqu'on devrait y avoir recours, le mécompte qui en résulterait pourrait être désastreux. D'autre part, nous ne pensons point que les inventeurs aient la prétention de lutter avec les machines dynamo-électriques, lorsque des quantités considérables de fluide seront nécessaires.

S'il en est autrement, nous attendrons, pour exprimer notre opinion, que les spécimens d'emploi ne soient plus bornés à des usages domestiques, comme à l'Exposition d'électricité, où les machines à coudre, les tours, etc., mus par des accumulateurs, constituaient des expériences curieuses, mais très peu décisives. Quand la durée du travail, le prix de revient auront été établis, il sera possible de préjuger de l'avenir de ces accumulateurs, dont jusqu'ici les prospectus financiers ont, sans contredit, exagéré les avantages. Nous noterons toutefois que des expériences faites à Londres, pour les utiliser comme force motrice de tramways, ont donné des résultats assez satisfaisants. Actuellement, on semble vouloir leur faire jouer le rôle de régulateur dans les distributions des grands courants. La perte de fluide résultant de leur emploi est de 40 p. c.

DUPLEX.

La télégraphie a fait un pas immense par suite de l'application du Duplex Le Duplex est une combinaison par laquelle on peut transmettre *en même temps* deux ou plusieurs dépêches par le même fil.

L'importance qu'acquiert cette disposition en temps de guerre, alors que les conversations et la correspondance sont remplacées par des communications télégraphiques ininterrompues, nous force à en donner la description détaillée.

Soient deux postes reliés par un seul fil; on obtiendra deux transmissions en sens contraire et indépendantes, si à chacun d'eux le récepteur fonctionne quand le courant est envoyé de l'autre station, et reste en repos quand la transmission part du poste où il se trouve. On peut réaliser cette double condition avec tous les appareils électro-magnétiques, en formant les bobines de chaque électro-aimant de deux fils enroulés en sens contraire : l'un d'eux placé dans le même circuit que la ligne et parcouru par le courant, quel que soit le poste qui transmette ; l'autre, traversé par un courant local destiné à neutraliser le courant envoyé sur la ligne par l'appareil du poste d'où part la transmission.

Soient P, P¹ les piles des deux postes (fig. 3) R R¹ les récepteurs ou relais figurés par une section de leur électro-aimant. Le fil des bobines est représenté par un seul tour, il comprend pour chaque électro-aimant deux fils distincts qui se bifurquent en l et l' et sont enroulés en sens contraire. Les uns $lfhi$ et $l'f'h'i'$ sont marqués en traits pleins, les autres, $lgen$ et $l'g'e'n'$ en traits ponctués. Les deux premiers communiquent avec la ligne ii', les deux autres communiquent avec la terre par les deux rhéostats QQ'.

Les manipulateurs M M' établissent la communication de la ligne alternativement avec la pile ou avec la terre, selon que la tige mobile est placée suivant : D A ou D B pour le poste A, D' A' ou D' B' pour le poste A'. Il peut se présenter deux cas : 1° le poste A, par exemple, transmet seul ; 2° le cas général où les deux postes transmettent à la fois.

1er cas. *Dépêches simples*, — A transmet seul. La tige du manipulateur M est placée suivant D A et celle de M' suivant D' B'. L'électro-aimant R' doit seul s'aimanter ; le courant de la pile P se bifurque en l, une partie suit le fil $lgem$, traverse le rhéostat Q et revient à l'autre pôle par tZ. La deuxième partie suit $lfhi$, la ligne ii' le fil de l'électro-aimant R' marqué en traits pleins H' F' l' et se rend à la terre par $l'D'B't'$ T. Le courant ne se bifurque pas en l' et ne traverse pas le fil ponctué de l'électro-aimant R' à cause de la grande résistance du fil de la bobine et du rhéostat par rapport à celle de la communication $l'D'B't'$, qui est nulle. Ainsi, un seul des deux fils de l'appareil R' est parcouru par le courant ; l'électro-aimant est aimanté et attire l'armature. Les deux fils du récepteur R sont traversés par deux courants qui circulent en sens inverse. Les deux bobines étant semblables, l'effet produit sera nul si le courant a la même intensité des deux côtés, et cette condition est remplie si les deux circuits $lgemQt$ et $l, f, h, i, i', h', f', l', D', B', t'$ sont également résistants, ce qu'on peut réaliser par le rhéostat Q. Celui-ci doit donc offrir au courant la même résistance que la ligne ii' et la bobine i', h', f', l'. Exemple : ligne 300 kil. de résistance, bobine $h'f'i'$ 200 kil. ; le rhéostat aura donc $300 + 200 = 500$ kil. de résistance. Donc, en transmettant de A, l'appareil de ce poste reste immobile, A' fonctionne seul.

Cas général. Dépêches simultanées en sens inverse. — A et A' envoient simultanément le courant. Les tiges des manipulateurs sont sur D A et D' B' les récepteurs doivent accuser en même temps le passage des courants réciproques.

La pile P donne lieu à deux courants dérivés à partir de l, l'un suivant $lgemQt z$, l'autre parcourt les deux bobines $lfhi$ et $l'f'h'i'$ et la ligne ii'. La pile P' donne lieu à deux courants, l'un suivant $l'g'e'm'Q't'z'$; l'autre a le même circuit que le deuxième courant de P. Or, ces deux courants circulent en sens contraire ; si l'intensité en est égale, ils s'annulent ; aucun courant ne traverse donc la ligne et les deux bobines $lfhi$ et $l'f'h'i'$. Ainsi les électro-aimants sont influencés seulement par les bobines ponctuées $lgem$ et $l'g'e'm'$; ils sont aimantés et il est facile de voir que le sens d'aimantation est le même que dans le premier cas. L'intensité est la même, car la résistance extérieure est celle du rhéostat Q', qui est égale à celle de la ligne plus la bobine ihf. Il n'est pas, du reste, nécessaire que les courants des piles P et P' soient égaux et de sens contraire. En effet, le courant de la pile P du poste A circule autour des deux bobines de R et n'exerce aucun effet sur l'électro-aimant. L'aimantation est donc produite par P',et, soit que son courant s'ajoute sur la ligne à celui de la pile P, soit qu'il le détruise en partie, l'effet produit est le même que si la pile P' était supprimée du circuit.

Transmissions multiples simultanées dans le même sens. — Pour envoyer dans le même sens, il suffit d'avoir autant de piles de forces différentes qu'on veut transmettre de dépêches, et en outre qu'en manœuvrant plusieurs manipulateurs leurs courants s'ajoutent et donnent par leurs combinaisons des intensités inégales. Soient trois piles P, P′, P″, on obtient sept intensités P; P′; P″; P + P′; P + P″; P′ + P″; P + P′ + P″. Si au poste de réception on a des relais ne marchant que pour ces combinaisons, on obtiendra le résultat ci-dessus indiqué. L'application de ce procédé est peu pratique pour la télégraphie militaire; nous ne nous y arrêterons pas plus longuement.

TÉLÉGRAPHIE SANS FILS.

La télégraphie militaire est assujettie non-seulement aux interruptions provenant des vicissitudes atmosphériques, de même que la télégraphie civile, mais encore à tous les accidents pouvant se produire en campagne. Bien des moyens ont été proposés déjà pour assurer les communications entre les corps, entre les villes assiégées et les armées de secours, etc.

Parmi ces moyens, le plus original est celui qui se basait sur l'idée quasi-chimérique de faire circuler des courants voltaïques dans le sol; il a été étudié pendant le siége de Paris, alors que les nécessités du moment exigeaient d'avoir recours aux inventions de toute nature.

Quand des résultats, bien que très précaires, ont été atteints, c'est à de petites distances et lorsque des tuyaux à gaz, des conduites d'eau en fonte ont donné plus facile accès à l'électricité précisément dans la direction des postes de signaux.

Ces recherches n'ont donc pas entièrement abouti; elles continuent cependant, et il serait téméraire d'affirmer qu'on n'arrivera pas au résultat cherché; les procédés mis en œuvre n'ont pas encore été décrits.

TÉLÉGRAPHIE VISUELLE

L'électricité n'intervient donc dans la télégraphie sans fils que pour remplacer la lumière d'une lampe. Le rayon lumineux est obtenu par une lampe à incandescence assez forte, réfléchie sur un miroir télescopique enfermé dans un tube. A la station correspondante, on place un deuxième télescope dont l'axe est le prolongement absolu du premier. Ce prolongement mathématique est obtenu par une observation astronomique simultanée, au moyen de lunettes astronomiques (chercheurs). Au foyer du miroir parabolique se trouve un petit miroir qui envoie des rayons parallèles à l'axe. Pour fixer les idées sur ce mode de communication, nous dirons qu'on peut envoyer une dépêche optique de Paris à Rouen, à condition que les deux postes soient sur une hauteur, qu'on prenne pour source lumineuse un brûleur, c'est-à-dire une lampe électrique brûlant à l'air libre, et un régulateur à foyer fixe.

DES FILS.

La question du genre de fil à employer est très importante; il faut en effet chercher à les cacher à l'ennemi, et l'armée dont les corps resteront en contact continuel, mettra évidemment le plus de chances de victoire de son côté. Pour cela, deux moyens se présentent : Etablir une communication permanente secrète en temps de paix ou se servir de la télégraphie volante organisée en temps de guerre même.

Le premier moyen serait excellent si l'on pouvait opérer à l'insu du public; mais il n'en est pas ainsi, et en recherchant ce qui s'est passé précédemment, on voit qu'en 1870, dès les premiers désastres des Français, ceux-ci avaient songé à une communication secrète entre Paris et l'extérieur ; mais l'espionnage était tel que les premiers Uhlans de l'armée d'investissement se rendirent à l'endroit d'où émergeait le fil et coupèrent la communication. Avec M. de Fonvielle nous dirons : « qu'autant » il est difficile de cacher un fil permanent, autant on peut espérer le faire par un » fil de télégraphie volante ; pour cela, il faut réaliser un fil qui, avec le plus petit » diamètre possible, sera solide, isolé, excellent conducteur, et dont la couleur de » la matière isolante varie avec le terrain, par exemple : vert pour les prairies, jaune » pour le sable, blanc pour les parties crayeuses; » jusqu'ici, ce *desiderata* n'a pas été obtenu. Là est cependant la véritable voie, et des expériences sérieuses pourraient être faites à peu de frais.

INTERCEPTION DES DÉPÊCHES ENNEMIES

Il est un autre point excessivement intéressant à étudier : c'est la manière dont on opère pour surprendre les dépêches de l'ennemi. En effet, il vaut mieux que l'on connaisse les correspondances ennemies, que de les lui intercepter complétement ; on pourra tirer profit des indications qui s'échangent, les renvoyer fausses, etc.

Pendant la guerre d'Amérique, ce genre d'espionnage fut porté à la hauteur d'une science. En 1870, Mlle Dodu fut condamnée à mort (et graciée) par les Allemands pour un fait analogue.

L'appareil qui nous semble le meilleur est un simple galvanomètre, placé sur un circuit dérivé de conductibilité presque nulle : il est aisé de comprendre qu'il ne faut enlever du courant de ligne qu'une partie excessivement minime.

Les déplacements de l'aiguille, instantanés ou prolongés, suffisent pour la réception Les Américains emploient un fil très ténu, coupé en deux, dont les extrémités sont placées non jointives sur la langue. La sensation particulière qui se produit à chaque passage du courant leur suffit pour noter les longues et les brèves composant l'alphabet Morse. Il va sans dire qu'il faut pour cela une habileté extrême et la mission ne doit être confiée qu'à des spécialistes, de la fidélité desquels on est absolument certain; il leur suffirait en effet d'interpréter, à dessein ou non, les dépêches dans des sens autres que les véritables, pour faire courir des dangers incalculables à l'armée utilisant leurs services. Il y a là également dans le service télégraphique militaire une lacune à combler; l'Exposition n'a d'ailleurs rien révélé à ce sujet, et nous tendons à croire que cette abstention était trop complète pour être le résultat d'un simple oubli.

EXAMEN

DU MATÉRIEL TÉLÉGRAPHIQUE DES DIVERSES PUISSANCES.

FRANCE.

La France a exposé deux voitures. La voiture-poste et le chariot télégraphique. La voiture-poste contient les appareils Morse construits de manière à fonctionner à courants alternatifs et à courants continus. Ce système est trop compliqué pour des appareils de campagne. Cette voiture a quelques objets, tels que câbles et appareils optiques, dans son chargement ; mais elle est surtout destinée à travailler avec le chariot, qui porte tout ce qui est nécessaire : entr'autres, une brouette pour le déroulage des fils dans certains terrains difficiles.

On reproche au matériel français un poids trop grand (1,400 kilogr.), et d'avoir des appareils presque à demeure sur une tablette.

Cette disposition n'évite pas les trépidations, et peut amener des difficultés de travail.

Le Ministère des Postes et Télégraphes français exposait le parleur, appareil servant à transmettre et à recevoir les dépêches qui ne doivent pas être enregistrées. Une bobine contient dans une de ses moitiés un morceau de fer doux. L'autre moitié renferme une petite masse éloignée du fer doux par un faible ressort à boudin. Lorsqu'on lance un courant instantané dans la ligne, le fer doux devient aimant, attire la petite masse : un choc instantané correspondant à un point de l'alphabet Morse se produit, et l'oreille perçoit le son. De même pour le courant prolongé correspondant au trait. Un manipulateur permet d'envoyer cette dépêche phonétique. On comprend qu'il faille une grande habitude pour se servir du parleur.

AMÉRIQUE.

Les Etats-Unis exposent trois voitures simples et solides, à l'aspect lourd, mais convenant parfaitement pour les services qu'elles sont appelées à rendre. Une prolonge très large porte des poteaux et des outils. Deux espèces de tapissières, fermées la nuit par des rideaux imperméables, complètent le matériel.

Leur intérieur est vaste, malgré les faibles dimensions, mais rien ne s'y trouve d'encombrant.

Des pliants, des chaises, des rouleaux de fil de fer et des lanternes, des appareils (*sans enregistrement*) eux-mêmes très réduits, forment le chargement. Les fils ne forment pas bobines ; ce sont de simples rouleaux de fil de fer du commerce qu'on place sur un tambour-bobine, monté sur un arbre à l'arrière de la voiture. Pour relever la ligne, on enroule le fil en donnant à la bobine un mouvement de rotation obtenu en embrayant l'arbre à une transmission qui part d'une roue dentée portée par l'essieu de derrière.

BELGIQUE.

La Belgique a exposé une seule voiture compartimentée comme l'ancienne voiture-poste française. On a reproché le lourdeur à ce véhicule et, à la suite de l'exposition d'électricité, le système consistant à rassembler dans une voiture unique le bureau et le gros matériel semble condamné.

Voici la description de la voiture : le derrière a deux larges battants laissant voir le coupé avec la table de travail garnie, et la chambre postérieure avec des quantités d'outils, des torches, des fusées, des fanaux, des éventails, des gants épais pour les hommes maniant le fil.

Sur les côtés de la voiture, existent des ferrures pour disposer les appareils de télégraphie optique. Devant est le siège des employés. Sous la voiture, est fixé un tonneau pour le remplissage des piquets de terre qui sont creux ; encore deux bobines de câble, etc..... En se baissant, on voit sous les coffres les différentes parties du camion porte-bobines, sorte de charrette aux brancards de laquelle on attelle un sous-verge pour les terrains difficiles.

La brouette n'appartient pas à cette voiture, mais à la voiture de fils, qui n'est pas exposée ainsi que la voiture à poteaux.

Si des reproches ont été adressés à ce chargement, des éloges très vifs ont été décernés à la disposition des appareils Morse ; une heureuse adjonction sont les téléphones Siemens. Enfin la manière dont se relient les câbles est très ingénieuse.

ITALIE.

L'Italie expose le système de télégraphie-téléphonie portative du colonel Racagni et de Gugliemi. Trois soldats constituent le poste : un s'éloigne en portant sur le dos un havre-sac avec trois bobines (3,000 mètres et tout un appareil imprimant). Avec ce porteur s'éloigne un télégraphiste portant un téléphone ; un dévideur chargé de fils, une giberne contenant le générateur d'électricité et un petit appareil. La bobine est sur le devant, le câble se déroule donc entre les jambes. C'est un inconvénient.

Un dernier télégraphiste conserve un téléphone, une giberne à générateur et à appareil. Les câbles se relient par un système particulier.

On ne se propose pas de parler dans les téléphones, c'est-à-dire de prononcer des sons articulés, mais seulement de transmettre des interruptions brèves ou longues. Un électro-aimant donne un bourdonnement continu dans le téléphone et c'est ce bourdonnement qu'on interrompt à volonté par un commutateur. Ce système est un pas immense vers l'emploi des communications télégraphiques volantes, jusque sur le champ de bataille.

SUÈDE.

Exposition particulièrement remarquable : une voiture à deux trains qui peuvent être rendus indépendants et à frein automatique. A côté de la voiture, est dressée une tente en toile pour le poste, avec une armoire pour le papier, les piles, les appareils. Des pliants et des tables d'un très faible volume. Au pied de la table s'accroche la pile. Un trépied portant un gros téléphone Siemens muni d'une trompette d'avertissement est adjoint au poste. Le téléphone de réception est petit, ce qui semble rationnel.

Dans la voiture (arrière-train), sept bobines sont disposées pour le déroulement c'est-à-dire l'axe parallèle à l'essieu. Les fils sont un toron à trois brins, ce qui augmente la solidité. Les poteaux sont formés de deux parties et s'assemblent par deux colliers à vis de serrage. Le relèvement de la ligne peut se faire automatiquement en amenant un frotteur en contact avec une roue.

AUTRICHE.

Un chariot et une voiture-poste sont exposés. Véhicules légers et élégants. Le chariot porte des compartiments pour les outils et des poteaux en bambous. Le fil est en cuivre et se déroule toujours à la brouette qui est accrochée, démontée en deux, au chariot. La voiture-poste est petite et porte les appareils Morse qui n'impriment pas, mais gauffrent le papier. Un parleur avec boussole complète le poste.

ALLEMAGNE.

N'a rien exposé en fait de matériel ; des plans de lignes télégraphiques, des brochures forment son exposition militaire.

SYSTÈME TROUVÉ.

Nous citerons pour mémoire le télégraphe de M. Trouvé, qui est un parleur ayant la forme d'une montre. Ce système est inférieur au téléphone.

SYSTÈME MANGENOT.

Mangenot utilise les courants d'induction de tension ; donc suppression des piles. C'est un parleur, transmettant des longues et des brèves (voir ci-dessus). Le câble est isolé ; malgré cela, il est très léger et un seul homme porte tout le poste, qui comprend l'appareil inducteur, le parleur et une réserve de 4 kilomètres de fil. Ce système peut rendre des services considérables en campagne si les résultats sont aussi bons que le dit l'inventeur. Des expériences en grand n'ont pas encore eu lieu.

CONCLUSIONS.

Il ressort de cet aperçu que les armées doivent autant que possible alléger leur matériel et donner aux télégraphistes-opérateurs une installation commode et indépendante. Une puissance militaire qui combinerait les équipages américains et suédois avec les perfections de détail des expositions autrichienne, belge et française, aurait sans contredit un service modèle. L'avenir nous fera connaître si les enseignements donnés par l'exposition auront porté leur fruit.

LUMIÈRE ÉLECTRIQUE

INTRODUCTION.

Avant d'entreprendre l'étude scientifique de la lumière électrique, il nous semble utile, sinon nécessaire, de faire connaître quelles sont les idées que nous croyons devoir préconiser dans l'emploi de ce nouveau mode d'éclairage. Comme nous l'avons dit dans l'exposé général des applications de l'électricité à l'art militaire, nous divisons en deux groupes les services que peut rendre le nouvel agent.

Le premier groupe comprend l'éclairage des terre-pleins et des remparts. Le deuxième groupe l'éclairage des locaux.

Par une singulière coïncidence, la lumière électrique a également deux modes de production qui semblent convenir respectivement aux usages ci-dessus.

Le premier mode se compose des brûleurs, dont nous donnerons la description ci-après.

Le deuxième mode comprend les lampes à incandescence.

IDÉES PERSONNELLES SUR LES APPLICATIONS DE L'ÉCLAIRAGE ÉLECTRIQUE A L'ART DE LA GUERRE.

Rechercher dans chacun des cas le mode à employer, sera le but de notre étude préliminaire.

Cette étude n'a jamais, croyons-nous, été faite; quels qu'en soient les défauts, nous espérons qu'elle attirera la sérieuse attention de nos lecteurs, et qu'elle les intéressera.

Premier groupe.

Le terrain extérieur d'une place assiégée peut devoir être éclairé : 1º Pour s'assurer que l'ennemi ne construit pas d'ouvrages en avant du terrain occupé par lui ou sur ce terrain; 2º pour signaler l'approche d'une troupe en cas d'une tentative d'attaque de vive force; 3º pour s'assurer de la régularité du tir de nuit et 4º pour éclairer les travailleurs dans les travaux de nuit, tels que contre-batteries, défenses extérieures, etc.

Les terre-pleins et les remparts doivent être éclairés :

1º Pour permettre le transport du matériel, le remplacement des objets mis hors de service, etc.;

2º Pour permettre le tir de nuit;

3º Pour réparer les embrasures, traverses, blindages;

4º Pour qu'en cas d'attaque de vive force l'infanterie puisse garnir les remparts sans confusion, et conformément aux indications données.

C'est ici le lieu de signaler l'immense avantage que procurera l'électricité. En effet, il n'est pas admissible que, chaque soir, on éclaire les remparts à *giorno* sous le prétexte que l'ennemi pourrait tenter une attaque par surprise ou de vive force. Or, avec les moyens actuels d'éclairage : réchauds de rempart et flambeaux (car il faut écarter dans ce cas les balles à éclairer), combien de temps ne faudra-t-il pas pour allumer ces tourteaux goudronnés et ces flambeaux? Quelle lumière donneront-ils? Tandis qu'avec la lumière électrique, en établissant d'avance les foyers lumineux, quitte à les laisser inactifs jusqu'au moment nécessaire, il suffira que la machine productrice, bien abritée d'ailleurs, se mette en mouvement pour qu'une clarté complète donne instantanément aux défenseurs les facilités qui feront défaut à l'assaillant.

Deuxième groupe.

Le deuxième groupe dont j'ai parlé ci-dessus comprend l'éclairage des locaux.

Ceux-ci se divisent en locaux dangereux et en locaux non dangereux.

Les locaux non dangereux sont ceux dans lesquels tout éclairage est permis. Les brûleurs et les lampes à incandescence y trouveront leur emploi.

Les locaux dangereux comportent les magasins à poudre et à munitions, les ateliers de chargement ou pyrotechniques et les magasins où se trouvent des matières éminemment combustibles : thérébentine, soufre, salpêtre, etc.

BRULEURS ET LAMPES A INCANDESCENCE.

Les brûleurs sont toujours composés de baguettes de charbon entre l'extrémité desquelles se développe à l'air libre l'arc voltaïque; nous rangeons évidemment dans cette catégorie les bougies ou brûleurs ne nécessitant pas l'emploi d'un régulateur.

Or, les brûleurs entraînent comme conséquence le développement d'une chaleur assez forte et, ce qui est plus grave à notre point de vue, donnent lieu à des explosions légères projetant çà et là des détritus de charbon à l'état incandescent.

Leur avantage incontesté, c'est l'immense quantité de lumière émise. L'appareil Jaspar atteint six cents carcels; le Serrin huit cents carcels. Il n'importe pas, dans ce qui suivra, que le système soit un peu plus ou un peu moins avantageux ; nous ne nous arrêterons donc pas à ce détail dans cette étude théorique.

Les lampes à incandescence sont des ampoules de verre dans lesquelles un filament de charbon échauffé par le passage d'un courant électrique devient lumineux et donne une clarté comparable à celle des luminaires employés dans l'économie domestique.

Dans les lampes à incandescence donc, lumière très faible mais danger nul ; par conséquent, avantage pour l'éclairage des locaux, la chaleur développée étant excessivement faible. Nous pouvons, ceci posé, rechercher les engins appropriés aux divers cas que nous avons énumérés.

A cet effet, nous nous bornons à présenter le tableau ci-après :

TABLEAU RESUMANT LES EMPLOIS DE L'ECLAIRAGE ELECTRIQUE ET LE MODE QUI LEUR CONVIENT

BUT A ATTEINDRE.	SOURCE LUMINEUSE A EMPLOYER.
1° Eclairage du terrain extérieur.	A. Brûleur à régulateur de puissance la plus grande possible, à réflecteur parabolique monté sur pivot double, afin de permettre les mouvements dans le plan vertical et horizontal.
2° Eclairage des terre-pleins.	B. Brûleurs à régulateur ou bougies montées sur candélabres avec abat-jour réflecteur. Nous indiquerons le système préconisé pour ces candélabres.
3° Eclairage des remparts.	C. Bougies avec réflecteurs sur pivots doubles et D candélabres avec abat-jour réflecteur.
4° Eclairage des locaux non dangereux.	D. Brûleurs à régulateur et de préférence le système Jaspar à réflecteur à dispersion.
5° Eclairage des locaux dangereux.	E. Lampes à incandescence ; éclairage Jaspar.

SYSTÈME PROPOSÉ — CONDITIONS A REMPLIR. — SOLUTION.

Il est évident à priori qu'on ne peut songer à laisser les appareils exposés aux projectiles ennemis pendant le jour; de même, les fils doivent être enterrés.

L'ensemble du système est le même, quels que soient la machine productrice d'électricité et les moyens d'utiliser celle-ci.

Le système que nous proposons est le suivant : La machine sera du type dynamo-électrique, système Gramme, ou de préférence système Brush. Cette dernière a permis la plus grande division de foyers à l'exposition de 1881.

Du local de la machine partiront des fils conducteurs en cuivre recouverts de soie ou de coton et courant dans des augets en bois ou dans des tubes à gaz de diamètre assez restreint, la réunion se fera par un manchon en caoutchouc vulcanisé; ce manchon permet les différentes inclinaisons et les coudes.

FOYER DU TYPE A.

Le foyer appelé A dans le tableau sera placé sur l'un des points culminants des ouvrages et autant que possible dans un local à l'épreuve pendant le jour.

Exemple : Dans l'un des forts, un excellent emplacement est sur le palier supérieur de l'escalier conduisant à la plate-forme du réduit. Le soir, il sera installé à ciel ouvert.

FOYER DU TYPE B.

Les brûleurs B à candélabres sont montés sur un candélabre se composant (fig. 4) d'un montant creux en tôle, avec semelle. Pendant le jour, ce candélabre est descendu dans une espèce de cheminée en béton comprimé recouvert d'un couvercle en fonte semblable à celui qui ferme les prises des distributions d'eau. Le soir, on retire le candélabre, on referme le couvercle et on boulonne la semelle sur celui-ci. L'appareil est alors prêt à fonctionner. Nous avons mentionné l'abat-jour réflecteur ; cet appendice est nécessaire, parce que l'on pourra par son emploi cacher à l'ennemi la position exacte de la source lumineuse en défilant celle-ci de la vue ; la lumière diffuse sera seule aperçue. De plus, les rayons lumineux qui eussent été perdus seront renvoyés vers le sol et augmenteront notablement l'effet utile du foyer.

L'éclairage des remparts est destiné en temps ordinaire à faciliter le service de nuit.

Or, point n'est besoin pour cela de mettre en activité les brûleurs à abat-jour réflecteurs, nous y avons adjoint les bougies sur pivot et à réflecteur simple.

En effet, si des niches en forme de V renversé sont creusées dans le talus intérieur ou dans la queue des traverses, et que l'on installe des foyers simples dans ces niches, on pourra par des réflecteurs éclairer tout le terre-plein. Si la face n'est pas ricochée, il suffit que l'appareil soit défilé des coups plongeants.

ÉCLAIRAGE DES LOCAUX.

Les locaux à éclairer le seront par la lampe Jaspar, qui a pour avantage de rendre la lumière électrique supportable à la vue par son mode de transmission, et dont le régulateur donne une grande fixité à la lumière.

La lampe à incandescence, dont l'ampoule sera protégée par une deuxième enveloppe en glace épaisse avec armature, sera employée dans les locaux dangereux. Nous proposons pour les magasins à poudre le système suivant :

L'ampoule serait placée dans un bocal rempli d'eau. (Fig. 6) Il est évident que de cette manière la lumière serait distribuée très uniformément et que tout danger serait écarté.

Il va sans dire qu'ici l'emploi du mode d'éclairage Jaspar est absolument avantageux ; cependant, il ne sera pas toujours possible de l'utiliser, car les murs des magasins à poudre ne peuvent, sans danger, être percés d'ouvertures nombreuses ; les circonstances dicteront le choix à faire.

On est en droit d'objecter à l'éclairage électrique avec conducteurs la création d'une cause d'explosion à l'intérieur des magasins. Cette cause réside dans les étincelles qui peuvent jaillir entre les conducteurs lorsqu'ils sont mal isolés et très rapprochés. Ceux-ci peuvent également s'échauffer lorsque la tension est trop forte pour la section des fils On écartera ces causes en plaçant les conducteurs dans des tuyaux de plomb ; l'électricité ne traverse pas les enveloppes métalliques en contact avec le sol et, les fils étant très rapprochés de l'enveloppe, la reconstitution du fluide neutre ne présenterait aucun péril. La fig. 5 indique les emplacements du foyer A et des foyers B ou C.

Nous n'avons point parlé dans ce qui précède des coupoles des forts maritimes, ni des batteries cuirassées, par la raison bien simple qu'on peut les ranger dans la catégorie « Locaux dangereux »; les charges de poudre, les artifices divers qu'on y manie ne permettent pas l'emploi direct des brûleurs ; mais il est à craindre que les lampes à incandescence ne résistent pas au choc violent qui se produit à chaque coup de canon, si on ne les entoure d'une enveloppe en glace extrêmement épaisse.

L'éclairage du type Jaspar nous semble devoir être préféré ; les avantages de ce mode sont : moins coûteux, pas de conducteurs, aucun danger, aucune cause d'extinction, lumière intense comparable à celle du jour.

Dans une coupole, par exemple, la lumière serait *diffusée* par un écran blanc placé au plafond ; dans une batterie cuirassée de six pièces, le faisceau lumineux serait partagé en six par les lentilles (voir description ci-après), et derrière chaque pièce existerait un écran réflecteur.

Mais pour les batteries sous-marines chargées de lancer les torpilles, les lampes à incandescence seront d'un excellent emploi : l'espace est restreint, les chocs nuls, et les ouvertures sont réduites à un nombre minimum.

Les considérations émises ci-dessus sont identiques à celles auxquelles on est amené en étudiant les opérations de l'assaillant dans l'attaque d'une place. Seulement il y aura bien plus de difficultés à organiser un service d'éclairage. Ce service est cependant indispensable : ce que sont les remparts pour l'assiégé sont les parallèles et les batteries pour l'assiégant ; les attaques de vive force et les sorties sont des cas analogues ; les travaux de nuit, les tirs de nuit ont la même importance pour les armées en présence ; et cependant dans la plupart des pays tout est à créer. La France vient d'adopter le projecteur du colonel Mangin, dont nous parlerons plus loin ; la question préoccupe également en Belgique les hautes autorités militaires ; peut-être d'autres puissances européennes avancent-elles discrètement dans la voie indiquée par la science de l'électricité. L'élan donné par l'Exposition de Paris n'a fait que croître et, comme nous le disions au début, il n'est plus permis de négliger l'étude de la production de la lumière électrique.

Il n'y a évidemment pas de système exclusivement militaire; sauf les appareils construits par MM. Sautter et Lemonnier, qui, somme toute, se composent d'une locomobile, d'une machine Gramme et d'un projecteur Mangin, le matériel militaire n'existait pas à l'Exposition ; c'est ce qui nous engage à traiter dans la suite la question à un point de vue général.

HISTORIQUE DE L'ÉCLAIRAGE ÉLECTRIQUE

Les anciens ne connaissaient que la lumière produite par l'étincelle qui s'échappe des machines productrices d'électricité statique vulgairement appelées machines à plateaux de verre. Lorsque Volta eut inventé la pile, nouveau générateur d'électricité, le savant anglais Davy, après des études suivies, parvint, en 1813, à produire l'étincelle électrique à durée prolongée. Davy avait pris deux baguettes de charbon de bois, qu'il avait plongées dans le mercure après les avoir fait rougir; les plaçant aux bouts des électrodes d'une pile de deux mille éléments, il vit un point lumineux se produire au contact des deux baguettes. Il en éloigna les pointes et la flamme, s'allongeant en forme d'un trait de feu légèrement recourbé, donna une lumière violacée; cette flamme courbe fut appelée arc voltaïque.

Pendant trente ans, les applications pratiques furent nulles; en 1843, M. Foucault fit servir la lumière électrique pour le tirage des épreuves photographiques. En 1846, M. Duboscq la fait servir pour les représentations théâtrales du *Prophète* à l'Opéra de Paris; en 1847, W.-E. Staite éclaire une grande salle d'un hôtel à Suderland. En 1855 et 1856, MM. Lacassagne et Rodolphe Thiers, ayant repris les idées de Staite, éclairent une voie publique à Lyon et à Paris.

Ce qui avait arrêté l'essor de la nouvelle invention était : 1º les difficultés d'obtenir un charbon convenable ; 2º les générateurs d'électricité, dont les imperfections ou l'impuissance appelaient des modifications radicales.

Depuis Foucault, on avait abandonné le charbon de bois pour se servir de baguettes de charbon de cornue ; on fabriqua enfin des charbons spéciaux de résistance supérieure, de constitution homogène; en 1863, la machine magnéto-électrique de Nollet et Van Malderen permit d'éclairer les grands phares et en 1866 les navires. Le régulateur Foucault et celui de Serrin (1859) réalisaient déjà des perfectionnements considérables.

Un exemple montrera qu'en Belgique on marchait dans la voie du progrès : en 1854, un des plus grands entrepreneurs d'Anvers, M. Keller, s'était engagé à remplacer sous les remparts une poterne étroite, le Meirsteeg, par une voie carrossable voûtée de 12 mètres de largeur.

Le délai étant très court, les chantiers de construction furent éclairés durant la nuit par un foyer électrique à réflecteur. Le réglage se faisait au moyen d'un régulateur à main, le fluide était fourni par une puissante pile. Nous ne connaissons pas d'exemples antérieurs sur une aussi vaste échelle. En 1870, l'apparition de la machine dynamo-électrique Gramme rendit possible l'emploi fréquent du nouveau mode d'éclairage en fournissant des quantités considérables d'électricité; pendant la guerre franco-allemande, la lumière électrique rendit aux défenseurs de Paris des services signalés, en leur permettant d'éclairer les abords de la place et des forts. Depuis 1870 jusqu'aujourd'hui, les progrès de tout ce qui touche à la production du fluide électrique et à sa mise en œuvre sont tels qu'un savant français, en terminant sa conférence au Palais de l'Industrie, disait avec raison : « Il n'est pas téméraire de se demander dans combien d'années, de mois peut-être, la fulgurante lumière aura remplacé le gaz et à plus forte raison tous les genres de luminaires employés dans l'économie domestique. »

PRINCIPE DE LA PRODUCTION DE LA LUMIÈRE ÉLECTRIQUE.

Les physiciens, pas plus que les profanes ne connaissent la nature intime de l'électricité ; on la considère comme un ensemble de molécules impondérables, voyageant dans les corps matériels bons conducteurs et s'accumulant à leur surface. Si l'électricité est en équilibre, on dit qu'elle est à l'état statique. Mais si l'état d'équilibre est rompu, les molécules électriques se mettent en mouvement afin de le rétablir et on se trouve alors en présence de l'électricité dynamique.

La comparaison faite entre le fluide électrique et un cours d'eau donne une image assez fidèle des phénomènes complexes qui accompagnent la production et la transmission de l'électricité ; mais elle n'est exacte que si l'on admet que le circuit aqueux se ferme par les nuages et les pluies, le ruisseau ne remontant pas à sa source comme le fait le courant électrique. Si le circuit électrique n'est pas fermé, il se produit une accumulation d'électricité sur les portions extérieures. La puissance avec laquelle le fluide tend à s'échapper s'appelle le *potentiel*. Lorsqu'une différence de potentiel ou, comme on dit, une force électro-motrice s'établit entre deux points du circuit, il se manifeste un courant d'autant plus intense, toutes choses égales d'ailleurs, que la force électro-motrice est elle-même plus grande. On définit l'intensité du courant par la quantité d'électricité qui passe en un point pendant l'unité de temps.

Une même différence de force électro-motrice produira un courant d'intensité d'autant plus grande que les *résistances* interposées seront moins considérables. Si le courant, sur son parcours, ne produit aucune action mécanique ou électro-chimique, son énergie se transforme totalement en chaleur et chaque partie du circuit en produit d'autant plus que sa résistance est plus grande.

Pour provoquer en un point déterminé un développement considérable de chaleur, il faut créer en ce point un obstacle au passage du courant sans empêcher toutefois celui-ci. Cet obstacle peut être réalisé de plusieurs façons et à chacune d'elles correspond un aspect sous lequel se présente à nous la lumière électrique. Si le circuit proprement dit est interrompu de telle sorte que le courant doive passer par un conducteur intermédiaire gazeux, offrant une grande résistance, il se produit entre les deux bouts du circuit coupé, ou pôles, un jet de molécules électriques qu'on appelle arc voltaïque.

L'éclat de ce dernier est emprunté à l'immense quantité de particules matérielles arrachées aux extrémités du circuit formées par le charbon qui, de tous les corps bons conducteurs, supporte la chaleur la plus intense

L'extrémité des électrodes de charbon se détruit durant ce phénomène physique; aussi doit-on les rapprocher graduellement et les régulateurs ont été inventés pour remplir cet office.

Si au lieu de placer les deux charbons bout à bout, on les met l'un à côté de l'autre, en les séparant ou non par un corps isolant, on arrive au système dit des bougies.

Si sur le passage de l'arc on intercale un bloc de substance réfractaire qui, par la chaleur développée devient incandescent et lumineux, on obtient un type nouveau caractérisé par la lampe-soleil; nous l'appellerons système à *bloc interposé*. Enfin, si l'obstacle réside simplement dans une diminution brusque de la conductibilité du circuit, la partie étranglée étant composée d'une substance infusible (un fil de charbon, par exemple), cette portion de circuit devient incandescente et produit une lumière moins puissante, mais plus égale que celle de l'arc voltaïque.

Donc, lorsqu'on demande la lumière à l'arc voltaïque, *souvent* trois éléments sont nécessaires : 1º les générateurs d'électricité; 2º les brûleurs; 3º les régulateurs. Ces derniers peuvent être supprimés par des dispositions spéciales.

Deux éléments sont réclamés par la lumière due à l'incandescence : 1º les générateurs; 2º le corps incandescent.

Les générateurs sont ou les piles ou les machines magnéto ou dynamo-électriques. Les piles sont d'un maniement gênant, plus ou moins malsain, d'un prix de revient assez élevé et d'une durée d'activité trop courte. Jamais la lumière électrique n'eut fait les immenses progrès qu'elle a accomplis depuis quelques années, sans les machines productrices d'électricité. Les piles, nous l'avons dit, sont décrites dans tous les traités; nous nous sommes étendus longuement sur les accumulateurs ou piles secondaires, et malgré la quasi-impossibilité signalée par MM. Hospitalier, de Laurencin, etc., dans leurs savants articles, de décrire sommairement les principes et les organes des machines magnéto ou dynamo-électriques, nous essaierons d'en donner une idée aussi complète que possible.

MACHINES MAGNÉTO OU DYNAMO-ÉLECTRIQUES.

Ces machines reposent sur l'induction, c'est-à-dire la propriété que possèdent les aimants de faire naître des courants électriques dans un circuit métallique. Nous renvoyons aux traités de physique pour ce qui concerne l'étude préliminaire de l'induction ; cependant, rappelons que le courant magnétique ou électrique qui sert à faire naître le courant *d'influence* s'appelle *inducteur*. Le courant né de cette influence s'appelle *induit*. Par extension, on a donné le nom d'inducteurs aux dispositions prises pour utiliser les aimants ou les courants inducteurs, et le nom d'induits aux dispositions prises pour recueillir les courants de même nom. L'espace dans lequel l'influence se fait sentir s'appelle *champ magnétique*. L'induction peut se produire de deux manières : 1° par les variations de l'intensité du courant inducteur ou du magnétisme de l'aimant ; 2° ces éléments étant fixes, par les variations de distance entre l'inducteur et l'induit.

Le premier mode a été utilisé dans la bobine de Rhumkorff ; le deuxième, dans les machines dont nous allons nous occuper et qui se classent en deux catégories : les machines magnéto-électriques, dont les inducteurs sont des aimants permanents, et les machines dynamo-électriques, dont les inducteurs sont des électro-aimants.

MACHINES MAGNÉTO-ÉLECTRIQUES.

Les premières machines furent des machines magnéto-électriques (Pixii en 1832, Clarke, et en 1850 Nollet). Elles se basent sur la production de courants induits produits par la polarisation et la dépolarisation de noyaux de fer doux entrant et sortant successivement du champ magnétique d'aimants permanents puissants. Pixii faisait mouvoir un faisceau aimanté inducteur devant les pôles d'un électro-aimant induit, les pôles face à face ; Clarke rendit le faisceau aimanté fixe et l'électro-aimant mobile. Les pôles de celui-ci se présentaient sur une des faces latérales de l'aimant.

Nollet et Van Malderen disposèrent les bobines induites suivant des cercles parallèles assez distants l'un de l'autre pour laisser pénétrer l'extrémité de puissants faisceaux polaires. Le noyau de fer doux de chaque bobine est creux et fendu longitudinalement, pour éviter les courants induits parasitaires. Il en est de même des joues de cuivre des bobines.

Les aimants inducteurs sont disposés de telle sorte qu'ils présentent, suivant le sens du mouvement, de même que suivant l'axe des bobines, des pôles de nom contraire. La figure 7 indique cette disposition par les signes plus (+) et moins (—).

Lorsqu'une bobine s'approche de deux faisceaux, le noyau tend à prendre, par influence, une polarité croissante de signe contraire à celle des faisceaux respectifs. Un premier courant induit se produit donc dans le fil enveloppant, jusqu'à ce que la bobine soit vis-à-vis des pôles inducteurs. Le mouvement continuant, le noyau de fer tend à perdre sa première polarité : d'abord par suite de l'éloignement qui grandit, mais encore par l'approche des pôles de signe contraire de l'inducteur suivant. Un courant induit *inverse du premier* est produit. Le courant est donc alternatif, et ce courant changera à chaque révolution un nombre de fois égal au nombre de pôles inducteurs d'une série circulaire.

Si le nombre d'inducteurs est égal au nombre d'induits, l'induction s'accomplit simultanément dans toutes les bobines, mais on remarque aisément que la moitié des bobines subit l'induction dans un sens, l'autre moitié la subissant en sens opposé.

Pour recueillir un courant unique, on peut relier le fil de sortie d'une bobine au fil de sortie de la suivante, le fil d'entrée de cette seconde au fil d'entrée de la suivante, et ainsi de suite. On obtiendra un courant général collectif et *en tension* (fig. 8). Pour obtenir l'électricité en quantité, on emploie deux collecteurs (fig. 9). Au premier viennent aboutir les fils d'entrée de toutes les bobines paires et les fils de sortie de toutes les bobines impaires d'un seul disque. Au second collecteur aboutissent les fils de sortie des bobines paires et ceux d'entrée des bobines impaires.

Les machines magnéto-électriques construites comme nous venons de le dire, donnent des courants alternatifs dont l'emploi est limité à la production de la lumière électrique. Ces courants sont envoyés dans le circuit extérieur par l'intermédiaire des collecteurs; en pratique, ceux-ci sont des anneaux de métal fixés sur l'arbre de la machine et reliés chacun avec l'un des pôles du circuit mobile. Des frotteurs à pression fournissent le contact nécessaire. Si, comme dans certaines machines récentes, les induits sont fixes, il n'est plus nécessaire que de deux anneaux, car les induits sont reliés directement aux circuits extérieurs. Lorsqu'on veut avoir un courant dont les successions infiniment rapprochées (50,000 par minute) peuvent fournir les effets d'un courant continu, il faut *redresser* les courants, c'est-à-dire faire en sorte qu'ils aient toujours la même direction. Ce résultat est obtenu par les commutateurs. Suppposons deux lames de cuivre A et B, isolées entre elles mais se pénétrant (fig 10), et enroulées autour d'une virole en ivoire tournant avec l'axe. Deux frotteurs F et F', extrémités eux-mêmes du circuit extérieur, sont en contact successivement avec chacune des lames. Lorsque le courant change de sens, c'est précisément l'instant où la lame B remplace la lame A au contact du frotteur F, où la lame A remplace B au contact de F', et ainsi de suite. Ce système de commutateur de Pixii et de Clarke est devenu insuffisant lorsque le nombre d'induits a augmenté; le nombre de lames s'est accru et il est devenu le collecteur redresseur. Règle générale, cependant, les machines magnéto-électriques sont à courants alternatifs.

Ces machines ont certains avantages; leur simplicité et la grande régularité dans la production des courants, régularité inhérente à la stabilité du champ magnétique, ont fait surtout préférer l'emploi de ces générateurs d'électricité pour l'éclairage des phares.

Malgré cela, elles tendaient à disparaître, lorsque M. de Méritens est parvenu à les perfectionner de manière à leur permettre de lutter contre les machines dynamo-électriques, que nous étudierons ci-après. Ses aimants permanents ont une puissance supérieure et la disposition annulaire des bobines utilise de la façon la plus complète l'influence magnétique des inducteurs. Ceux-ci exercent leur action non plus latéralement, mais en bout, directement sur les bobines induites. Ces dernières constituant cinq anneaux (connus sous le nom d'anneaux de Méritens) sont accolées l'une contre l'autre sur une roue en bronze (fig. 11) portant des saillies. Elles sont isolées l'une de l'autre, et les noyaux sont en tôle douce mince.

La distance entre les pôles d'un même aimant ainsi qu'entre les pôles consécutifs de deux aimants voisins est égale à la longueur de deux bobines. Chaque série d'électro-aimants forme, avec son anneau, une machine complète dont les courants sont alternatifs par suite des deux périodes du passage. On peut réunir les anneaux pour obtenir un courant unique, mais les machines sont disposées ordinairement pour en fournir deux.

Un deuxième type dit d'atelier est basé sur le même principe, mais un plateau permutateur permet de grouper les bobines induites de manière à réaliser des courants en quantité ou des courants de tension. Un troisième type donne des courants continus; pour cela, de Méritens abaisse à quatre le nombre de champs magnétiques, et donne à son anneau la même disposition que celle des machines dynamo-électriques. Nous n'entrerons pas dans les nombreux perfectionnements de détail de cette machine, qui peut aisément se transformer en moteur électrique.

Avec le genre d'inducteurs (aimants permanents) employés dans ce type, le renversement du courant qui se produit quelquefois lorsque les machines servent au chargement des piles secondaires, est matériellement impossible. Ce renversement de courant, dont l'effet est de faire décharger la pile dans la machine, et conséquemment de détruire le travail effectué précédemment, a lieu lorsque l'énergie de la pile en chargement est supérieure à celle de la machine.

MACHINES DYNAMO-ÉLECTRIQUES

Le rendement minime par rapport au volume et au prix des machines dont la source magnétique réside dans des aimants d'acier, les limites étroites dans lesquelles la production du fluide est circonscrite dans ces générateurs, ont, dès 1865, stimulé les recherches dans une voie nouvelle. Vers cette époque, M. Wilde songea à substituer le pouvoir magnétique des électro-aimants à celui des aimants permanents.

Les premiers ont un pouvoir bien supérieur à celui des seconds, parce que, à poids égal, leur noyau constitué par du fer pur, peut acquérir une puissance d'aimantation beaucoup plus considérable que s'il était en acier. De plus, il est possible de porter les noyaux des électro-aimants à l'état de saturation magnétique et de les y maintenir. Mais pour faire jouir les électro-aimants de ces propriétés magnétiques, il faut un courant excitateur. Il fut d'abord demandé à une source étrangère à la machine, aux aimants permanents. M. Wilde avait placé au-dessus de sa machine dynamo-électrique une petite machine magnéto-électrique excitatrice.

Le nouveau générateur n'avait que deux bobines induites : l'une produisait le courant nécessaire aux inducteurs de la seconde, qui fournissait seule le fluide utilisable.

Ces bobines (fig. 11²), dues à M. Siemens, sont formées par un noyau magnétique à section en double T dont la longueur est celle des pôles inducteurs dans lesquels un évidement a été pratiqué de manière à permettre le mouvement de la bobine. Les gorges sont remplies par le fil induit, qui rend à la bobine la forme cylindrique. Les ailes du double T sont les pôles du noyau induit tournant entre les pôles inducteurs. Ces derniers sont réunis par une pièce de laiton. Un commutateur redresseur complète la machine.

En 1867, apparut également la machine Ladd, réalisant un perfectionnement nouveau. MM. Wheatstone et Siemens, se basant sur la propriété que possède le fer doux de conserver le pouvoir magnétique à un certain degré, lorsqu'il a été aimanté, avaient montré la possibilité de supprimer les courants excitateurs.

Ladd construisit une machine dans laquelle les deux bobines inductrices présentaient une disposition analogue à leurs deux extrémités, actionnant ainsi deux bobines induites Siemens. Le courant de l'une traversait le circuit inducteur, le courant de l'autre était utilisé.

Il n'est nullement besoin de polariser au début de la marche par une source étrangère; la cause initiale du développement d'électricité réside dans le magnétisme rémanent des armatures, et le travail développé par la force motrice est converti *simultanément* en effets magnétiques et en effets électriques, ceux-là servant à faire naître ceux-ci dont le résultat est le courant recueilli sur la deuxième bobine.

Ces découvertes sont le point de départ de tous les progrès accomplis dans ces derniers temps, en ce qui concerne la production de l'électricité, dont les merveilleuses manifestations sont utilisables dans toutes les branches du travail humain.

MACHINES A RÉACTION MAGNÉTIQUE.

La réaction magnétique utilisée pour faire naître les courants dans les conducteurs enroulés autour de noyaux soumis à des interversions de polarité est le principe fécond sur lequel nombre d'inventeurs se sont appuyés dans leurs créations électromécaniques. Dans ce genre de machines, nous classerons celles de : Holmes en Angleterre; Lontin et Niaudet en France; Wallace Farmer en Amérique; Lambotte-Lachaussée en Belgique; Krémenesky en Autriche. En général, le nombre des pôles inducteurs est réduit à deux, quel que soit le nombre d'induits, et, signe caractéristique, les noyaux des bobines induites y jouent un rôle prépondérant comme dans les appareils Clarke et Nollet.

Dans le type Lontin à courants alternatifs, l'induit est fractionné pour produire plusieurs courants distincts. Les induits des machines Lambotte-Lachaussée et Krémenesky sont fixes, ils n'ont qu'une faible masse de fer, disposée de manière à éviter l'échauffement, car dans ces générateurs il y a égalité entre le nombre des inducteurs et celui des bobines induites.

Passons à une autre classe de machines dans lesquelles une sorte de surexcitation magnétique est utilisée. Le principe en est dû à Paccinotti de Pise; il date de 1860. Le nom de M. Paccinotti n'est connu que d'un petit nombre de savants; ce qui suivra fera connaître la part de priorité qui lui revient dans l'invention de la forme annulaire de l'induit qui se rencontre dans toutes les machines modernes.

MACHINE PACCINOTTI.

Deux électro-aimants puissants E et E' (fig. 12) ont leurs épanouissements polaires construits de manière à présenter un évidement semi-cylindrique. Dans cette chambre se meut un organe destiné à subir l'induction; il consiste en un anneau de fer doux présentant une série de parties amincies autour desquelles s'enroulent des hélices de fil conducteur. Des reliefs constituant des surexcitateurs du magnétisme des inducteurs existent entre chaque partie amincie. Si un tel système est mis en mouvement, il y a production de courants induits dans chaque bobine ou hélice. Tous les conducteurs induits qui passent devant le même pôle reçoivent l'induction de la même façon, les courants sont donc de même sens. Donc la moitié de l'anneau a un courant dans un sens, l'autre moitié dans l'autre. Pour redresser ces courants, un collecteur redresseur est nécessaire, mais comme dans ce cas le nombre des sections élémentaires de l'induit n'est pas égal à deux (nombre de pôles inducteurs) l'anneau commutateur doit être modifié. Le nombre des sections cylindriques devient le même que celui des sections induites. Les frotteurs ou *balais* composés de fils métalliques sont disposés de manière que les courants de sens contraire produits dans les deux demi anneaux induits *entrent* dans le circuit extérieur par les extrémités de noms contraires également.

Cette ingénieuse invention traîna pendant dix ans dans les laboratoires, et en 1870 seulement, Gramme rendit pratique un principe analogue.

MACHINES GRAMME

Les divers types si répandus des machines Gramme reposent sur l'induction directe exclusivement, et sont à courant continu ou à courants alternatifs.

Machine à courant continu. — Deux épanouissements polaires (fig. 13) d'électro-inducteurs sont disposés de la même manière que dans la machine Paccinotti. Un anneau de fer doux se meut dans cette cavité ; mais au lieu de porter des reliefs surexcitateurs, il ne présente aucune aspérité, car c'est un enroulement de fil de fer. Il est entièrement recouvert par plusieurs couches de fil de cuivre enroulées transversalement, isolées soigneusement et sectionnées en bobines hélicoïdales distinctes placées les unes à côté des autres.

Les bobines sont reliées en tension, c'est-à-dire que le fil d'entrée de l'une aboutit à une lame à laquelle aboutit également le fil de sortie de la suivante ; il y a donc autant de lames que d'hélices. Le nombre d'hélices est pair, afin que les deux moitiés de l'anneau contiennent toujours le même nombre de bobines.

Les lames isolées sont prolongées en dehors de l'anneau et leur réunion forme une espèce de tambour collecteur dont chacun des segments sert d'organe de connexion entre deux bobines élémentaires. Celles-ci sont donc réunies en une seule série circulaire ou circuit fermé.

Les inducteurs présentent deux champs magnétiques dont les lignes de force convergent sur l'anneau magnétique ; ces lignes de force sont perpendiculaires à l'anneau, sauf dans les points occupant une position normale à la ligne passant par les pôles inducteurs Ces points qui sont dans le plan de commutation (plan où les courants induits changent de sens) constituent des espaces magnétiquement neutres.

La marche de l'anneau a pour effet de produire un courant induit dans le fil des bobines élémentaires, mais chaque moitié de l'anneau étant soumise à une polarité inverse, les courants naissant dans chacune des hélices de ces moitiés seront de sens contraire. Le circuit fermé constitué par la série de toutes les hélices sera parcouru par deux courants partant d'un même point neutre, mais suivant respectivement chacune des moitiés de l'anneau au-dessus et au-dessous du plan de commutation si les inducteurs sont verticaux, à droite et à gauche de ce plan s'ils sont horizontaux.

Les bobines passent successivement d'un côté à l'autre du plan de commutation, le sens du courant dont elles sont le siége est alors changé ; en un mot, chaque demi-anneau est composé successivement d'hélices différentes, ce qui exige que les jonctions avec le circuit extérieur soient modifiées en conséquence. C'est là le but des lames isolées qui terminent les dérivations des hélices. Ces lames sont assemblées de manière à former le petit tambour collecteur qui, monté sur l'arbre de la machine, tourne avec lui et amène devant deux frotteurs FF^1 les lames communiquant aux bobines arrivées dans le plan de commutation précisément à l'instant où le contact se produit.

Des modifications ont été apportées par l'inventeur à ses machines, lorsqu'elles doivent fournir le fluide nécessaire à un grand nombre de foyers ; il a construit également des machines dites octogonales plus puissantes, mais le principe est resté le même. Les grandes tensions exigées par la division des foyers ont engagé M. Gramme à créer des *machines à courants alternatifs*. Pour cela, conservant le même mode d'induction, il a rendu l'inducteur mobile à l'intérieur de l'induit fixe. Il n'y a plus de collecteur redresseur de courants, et à chaque passage de l'un des pôles très épanouis de l'inducteur devant une section élémentaire, un courant est induit dans cette section et envoyé dans le circuit extérieur correspondant.

Nous avons maintenant les éléments nécessaires pour analyser en quelques lignes les machines existantes :

Machine Siemens. — Dues à Heffner von Alteneck, elles sont à courant continu ou à courants alternatifs. Les premières ont leurs pôles inducteurs non massifs pour éviter l'échauffement, l'induit diffère de celui de Gramme en ce que les fils sont enroulés extérieurement sur un cylindre de fer doux *parallèlement à l'axe de rotation*.

Ce sont par conséquent deux longues branches d'une même hélice qui sont soumises simultanément à l'induction, ce qui est avantageux, parce que la longueur de fil inactif est moindre.

Dans les machines à courants alternatifs, les noyaux de fer des induits sont supprimés afin d'éviter l'échauffement.

Machine Weston. — Combinaison ingénieuse du système Gramme quant aux inducteurs, et du système Siemens quant à son tambour induit.

Machine Hiram-Maxim — Inducteurs Siemens, induit du genre Paccinotti, Gramme, Weston ; remarquable par son régulateur du courant excessivement ingénieux.

Si dans une machine ordinaire, les frotteurs, au lieu d'être placés de manière à recueillir le courant de chaque demi-anneau, étaient en communication avec deux bobines non symétriques, une portion du courant serait perdue.

Cette perte serait égale au courant produit par un nombre de bobines double de celui dont il faudrait déplacer le frotteur pour établir la symétrie. C'est sur ce fait que repose l'invention Hiram-Maxim. Il a adopté un régulateur électro-magnétique mettant automatiquement les frotteurs en contact avec des hélices plus ou moins distantes de celles diamétralement opposées. Ce système, appliqué à la machine excitatrice, modifie par conséquent le courant produit par cette dernière et fait varier la puissance des inducteurs de la machine dynamo-électrique, génératrice du courant extérieur.

Machine Edison. — Se distingue non par de nouvelles dispositions, mais par ses dimensions. Les inducteurs sont de puissants électro-aimants ordinaires, le tambour est analogue à celui de Siemens.

Machine Brush. (Fig. 14). — L'inventeur a diminué autant que possible la quantité de fil inactif en modifiant l'induit. Celui-ci est formé d'un noyau ou anneau de fonte rectangulaire dans lequel sont pratiquées des échancrures en nombre égal à celui des bobines.

Des cannelures concentriques règnent dans les faces latérales, une cannelure circulaire partage l'anneau presque en deux disques jouant le role d'écrans magnétiques juxtaposés. Les inducteurs sont formés par deux électro-aimants d'une grande puissance dont les pôles de même nom sont en face les uns des autres, ce qui, par suite de la forme et de l'épaisseur de l'induit fournit quatre champs magnétiques.

Il n'y a plus de collecteurs, mais bien autant d'anneaux commutateurs séparés que de paires de bobines induites. Le système pour récolter le courant est particulièrement remarquable.

Notons que trois paires de bobines seulement sont réellement actives à chaque instant; deux d'entre elles sont toujours associées pour former le courant utilisable, la troisième paire sert à exciter les inducteurs par un courant indépendant des variations du circuit extérieur.

CONCLUSIONS

Tous les modes de production, toutes les dispositions des autres inventeurs rentrent dans les catégories ci-dessus. Les systèmes à préférer sont : 1º *le Brush* pour les grandes tensions, permettant par conséquent de multiplier les foyers sur un circuit unique ; 2º *le Gramme* pour la plupart des applications ; 3º *le Siemens* pour le rendement économique ; 4º *le de Méritens* et le *Hiram-Maxim* pour la régularité du courant produit.

L'étude complète des machines exige des volumes ; nous croyons être utile en renseignant comme publications à consulter : *le Génie civil*, *le Moniteur industriel*, *les Annales industrielles*, *la Revue industrielle*, *l'Ingénieur-conseil*, *la Lumière électrique*, *Engineering*, *les Annales de l'électricité*, *l'Électricien*, etc., etc.

LUMIÈRE ÉLECTRIQUE

ÉCLAIRAGE ÉLECTRIQUE.

L'expression lumière électrique est confondue souvent à tort avec l'éclairage électrique. Celui-ci consiste dans l'application rationnelle des sources lumineuses et, suivant les diverses circonstances, ce sera tel ou tel système qui sera préféré. Sûreté, simplicité, et dans certains cas puissance la plus grande possible, résument les qualités d'un éclairage militaire.

Divisibilité de la lumière électrique. — L'éclairage a amené la division de la lumière électrique, et c'est à l'aide de divers artifices qu'on l'a obtenue : M. Jaspar de Liége (Belgique) répartit la lumière d'un foyer unique par des lentilles et des réflecteurs ; M. Brush, au contraire, place plusieurs lampes en dérivation sur un même circuit, parcouru par un courant à forte tension. La figure 15 est le diagramme d'un système de huit lampes donnant quatre intensités différentes ; elle montre en outre l'application de ce mode à l'éclairage des terre-pleins d'un fort détaché (type Brialmont). Les foyers 1 et 2 sont les plus intenses, 3 est moins intense que 1 et 2 mais l'est plus que 4, 5, 6, 7, 8. Le foyer 8 est le plus faible. En effet, la loi de Ohm $i = \frac{A}{R}$ dans laquelle i est l'intensité du courant, A la force électro-motrice au point de la dérivation, et R la résistance du circuit dérivé est applicable. En appelant L la longueur du fil de dérivation, S sa section et C sa conductibilité électrique, on a $R = \dfrac{L}{C.S.}$ d'où $i = \dfrac{A.C.S.}{L}$. Les dernières grandes installations ont éludé plutôt que résolu le problème de la divisibilité. Ainsi le port du Havre est éclairé par un système mixte consistant à produire l'électricité par plusieurs machines, donnant elles-mêmes plusieurs courants distincts, et sur chacun de ces circuits à placer 5 ou 6 foyers seulement.

Espèce de courant à employer. — Si l'on a recours aux courants alternatifs, les charbons s'usent également ; tous deux se taillent en pointe identique. C'est cette propriété qui oblige à employer ces courants pour les brûleurs sans régulateurs, car avec un courant continu le charbon positif s'use plus vite et en surface plane brillante Si le charbon positif est au-dessus du négatif, il y aura plus de 5o p. c. de lumière sous le plan horizontal médien. On évite aussi le ronflement intolérable dû à l'emploi des courants alternatifs ; en outre, le rendement est supérieur.

DES RÉGULATEURS.

Les régulateurs se divisent en deux grandes familles : les régulateurs monophotes et les régulateurs polyphotes ou à division, comportant les lampes à dérivation et les lampes différentielles

Régulateurs monophotes. — Les premiers types ont été imaginés par *Foucault* (1849). Son dernier modèle comprenait deux mécanismes d'horlogerie : l'un pour le rapprochement des charbons, l'autre pour leur éloignement. L'armature d'un électro-aimant placé dans le circuit déclanchait l'un ou l'autre des mécanismes d'horlogerie, suivant qu'elle était attirée par l'électro-aimant si le courant augmentait d'intensité ou par un ressort antagoniste s'il en diminuait. Ce régulateur, modifié par Duboscq, fonctionne à l'Opéra de Paris. En 1859, *M. Serrin* supprima le mouvement d'horlogerie et obtint l'avancement des crayons par le poids du porte-charbon supérieur (positif). A cet effet (fig. 16), il fit porter la tige du porte-charbon inférieur I par un parallélogramme oscillant soutenu par deux ressorts A et B. Le ressort A est fixe et fait équilibre au poids des pièces mobiles ; le ressort B réglé à la main au moyen de la tête de vis C. Un électro-aimant D attire l'armature E fixée au parallélogramme, lorsque le courant est lancé. Par ce mouvement, le système oscillant s'abaisse, le charbon inférieur descend, et un arrêtoir G s'engage dans une étoile d'encliquetage H, ce qui immobilise les rouages et arrête la descente du charbon supérieur S. L'arc jaillit et lorsque le courant s'affaiblit l'armature est abandonnée, le charbon inférieur remonte, le supérieur descend, le courant se renforce et l'armature est attirée de nouveau.

Beaucoup d'inventeurs se sont inspirés du régulateur Serrin ; la lampe Burgin, dans laquelle le volant vient s'appuyer contre son frein, la lampe Gülcher, la lampe Girouard marchant avec un relai à pile séparée, qui permet de placer le régulateur à grande distance, reposent sur des principes similaires. L'emploi n'en est pas très répandu.

2º *classe de régulateurs monophotes. Régulateurs à solénoïde.* — On sait que les solénoïdes sont les hélices d'un fil métallique parcouru par un courant ; si une tige de fer est placée dans une de ces spirales, elle tend à s'y engloutir de manière à se placer à égale distance des extrémités de l'enroulement. Plus le courant sera intense, plus l'effort de succion sera considérable. *Archereau* construisit le premier régulateur de ce genre, et depuis, quelques électriciens ont cherché à appliquer les propriétés des solénoïdes aux lampes électriques actuelles. *M. Jaspar* de Liége a résolu le problème d'une façon parfaite et son régulateur (fig. 17) est sans contredit celui qui devra être employé lorsqu'un seul foyer par circuit répondra aux exigences. Dans le système Jaspar, le poids du porte-charbon positif constitue le moteur; l'appareil se compose d'un bâtis en forme de pyramide tronquée consistant en deux plates formes A et B reliées par quatre montants *a*. Les faces sont fermées par des plaques de tôle vernie qu'on peut retirer à volonté; deux anneaux permettent de suspendre l'appareil.

Le porte-charbon négatif C est formé d'un tube de cuivre traversant la plate forme supérieure, et dont la partie inférieure glisse dans un second tube D fixé à la base B; cette partie inférieure se compose d'un cylindre creux en fer doux. Le tube C est percé suivant une génératrice d'une fente longitudinale assez large pour livrer passage à une partie de la circonférence de la poulie à gorge E. Sur cette poulie s'enroule une corde *d* qui descend dans l'axe du tube C et porte un poids P qui la maintient tendue. Ce poids butte sur une traverse *t* de telle manière que quand la corde s'enroule le poids en montant soulève le porte-charbon. La poulie à gorge est fixée sur un petit tambour T' porté par deux consoles *b*. Sur ce tambour est également montée la poulie à gorge G dont le diamètre est double de celui de la poulie E. Sur la poulie G s'enroule la corde *n* fixée par son extrémité inférieure à la pièce H qui forme la base du porte-charbon positif. On voit que suivant le sens d'enroulement des cordes *d* et *n*, le poids du porte-charbon positif tend à soulever le porte-charbon négatif et que ce dernier ne parcourra ainsi que la moitié du chemin décrit par le premier.

Cette différence correspond à l'usure inégale des charbons. Sur le tambour lui-même est enroulée une troisième corde *m* à laquelle est attaché un poids Q pouvant être déplacé longitudinalement sur sa tige au moyen de la vis V. Ce poids agit de manière à équilibrer le poids du porte-charbon positif qu'il tend à soulever. On règle sa position de manière que son action soit d'autant plus forte que l'intensité du courant est plus faible, ce qui permet d'employer le régulateur avec des courants d'intensités très différentes.

Le porte-charbon positif est constitué par un tube de cuivre K muni d'une griffe dans laquelle est saisi le charbon, qui est maintenu par la vis *x*. Le tube K glisse dans un guide tubulaire I isolé électriquement au moyen d'une bague en ébonite.

Contre le tube I se trouve placé parallèlement à son axe un tube L contenant du mercure, dans lequel plonge une tige de fer J fixée au porte-charbon positif et qui sert de conducteur pour le courant provenant du générateur électrique.

Contrairement aux premières dispositions, qui sont cependant les seules décrites dans les auteurs les plus récents (1882), il n'existe plus qu'un seul godet à mercure. Celui que renfermait la boîte a disparu et la communication électrique du charbon inférieur s'effectue au moyen d'une articulation très élastique sans frottements ni pivots (fig 17²). Le godet existant est muni d'un système de fermeture hermétique composé d'une virole de serrage filetée et de deux rondelles de fer entre lesquelles est pressé un anneau de caoutchouc (fig. 17³). La lampe peut être inclinée à plus de 60 degrés de la verticale quand le godet est *ouvert*, elle peut être transportée sens dessus dessous quand le godet est *fermé*, sans que l'on perde une goutte de mercure. On ne peut donc adresser à ce régulateur aucun reproche dû à la présence d'un corps liquide dont l'emploi comme frein limite les oscillations du noyau de fer soumis à l'action du solénoïde et empêche toute action brusque de se

produire. Sur le tube D est enroulé un gros fil isolé constituant un solénoïde
destiné à produire la séparation des charbons et à équilibrer l'effet provenant du
porte-charbon positif. Examinons le fonctionnement du mécanisme.

Le pôle positif du générateur d'électricité communique avec le tube L, le mercure
qu'il contient, la tige J et le porte-charbon positif. Le pôle négatif est relié au
solénoïde et directement, par l'articulation décrite ci-dessus, au porte-charbon
négatif. Les pointes des charbons étant en contact le courant passe. Le solénoïde
exerce une attraction sur la tige de fer qui termine le porte-charbon négatif et tend
à l'abaisser. Le poids du porte-charbon positif, réglé par le contre-poids Q, agit en
sens inverse, de manière qu'il y a équilibre entre les deux influences contraires : le
poids et l'attraction magnétique (solénoïdale). L'écartement des charbons resterait
fixe avec le seul dispositif ci-dessus, si la relation d'équilibre qui doit toujours
exister entre la pesanteur qui rapproche les charbons et l'attraction du solénoïde
qui les écarte était constante. Mais cette relation est plus ou moins altérée :

1º d'après la quantité ou la longueur de fer qui plonge dans le solénoïde ;

2º d'après la position du piston dans le godet à mercure ;

3º par la variation dans le poids des charbons, qui diminue au fur et à mesure
de l'usure, etc.

En prenant en bloc ces diverses causes, on s'aperçoit qu'au début du fonctionnement, alors que les charbons ont leur plus grande longueur, leur poussée est
trop forte par rapport à celle qui existe lorsqu'ils sont à la limite de leur course.
L'arc est trop grand.

Le contre-poids M qui se trouve entre les bras de la grande poulie a pour effet
de compenser en bloc également les changements d'équilibre signalés plus haut.
En effet, lorsqu'il marche de X en Y, il a pour effet de diminuer graduellement la
force qui sollicite le mouvement de la poulie tendant à dérouler la corde de P,
effet analogue à celui qu'on obtiendrait en augmentant le poids Q. Lorsque le
contre-poids marche de Y en Z, il augmente l'action de Q donc l'effet est continu
pendant la demi-circonférence X Y Z et Q augmente dans la proportion nécessaire
pour compenser les causes perturbatrices. Ce contre-poids peut être déplacé dans
le sens du rayon, de manière à proportionner son action d'après la grosseur, donc
le poids, des divers calibres des charbons employés.

Le régulateur Jaspar, dont la disposition se rapproche le plus de la solution
théorique, réunit trois caractères saillants : 1º le contre-poids Q qui permet
d'employer la lampe avec des courants d'intensité variable ; 2º le contre-poids M
qui compense automatiquement les variations d'action des divers organes ; 3º la
tige pendante agissant comme frein pour empêcher tout mouvement brusque.

La régularité de la lumière est parfaite, et l'expérience suivante prouve d'ailleurs
que l'emploi de l'appareil ne nécessite aucune précaution spéciale : un régulateur
en activité a été placé sur une table boiteuse. Armé d'un fort marteau, un ouvrier
frappait à grands coups sur la table qui subissait des chocs violents. Malgré cela,
aucune variation notable ne s'est présentée dans l'intensité lumineuse. L'inventeur
nous a dit être prêt à renouveler cet essai devant le premier visiteur venu. Nous
tenons à rendre hommage à la complaisance excessive de M. Jaspar, et à le
remercier des nombreux renseignements qu'il nous a fournis.

Ce savant industriel ne s'est pas seulement préoccupé du régulateur, mais également de la répartition de la lumière émise, c'est-à-dire de la production d'un
éclairage utile. Il lui a semblé qu'au lieu de diviser le courant et d'obtenir plusieurs
foyers sur un même circuit, il serait plus pratique et plus économique de distri-

buer la lumière d'un seul foyer au moyen d'appareils optiques. On sait que les rayons lumineux parallèles peuvent être projetés sans grande déperdition à des distances considérables, et que d'autre part la somme des intensités de plusieurs petites lampes est notablement inférieure à celle d'un foyer unique, pour une force électro-motrice donnée.

Le système Jaspar consiste à grouper autour du point lumineux de son régulateur une couronne de lentilles de cristal qui reçoivent les rayons lumineux et les réfractent en autant de faisceaux parallèles que cela peut être utile. Ces lentilles dirigent les rayons à travers les ouvertures pratiquées dans les murs, sur de larges écrans blancs disposés dans la salle à éclairer. Ces écrans agissent comme des fenêtres, distribuant la lumière électrique ainsi que les fenêtres ordinaires distribuent celle du jour

Nous ne pouvons entrer ici dans la description détaillée de cet ingénieux système, contentons-nous de dire que l'inventeur l'a appliqué à ses ateliers, aux bureaux du télégraphe de Bruxelles (station Nord), aux ateliers Cockerill et dans plus de cent autres établissements industriels ou autres tels que théâtres, salles de bal, etc. Quelques chiffres donneront une idée de l'économie du système. Station Nord, Bruxelles. Avant l'adoption : 60 becs de gaz consommant 9 mètres cubes de gaz à l'heure. Après l'adoption : 7 mètres cubes de gaz à l'heure donnant un éclairage égal à celui de 250 becs carcels, le procès-verbal de réception en porte 286 !

Le régulateur donne des intensités bien plus fortes, l'inventeur a trouvé que l'intensité (garantie) de 250 carcels est la meilleure comme rendement, etc. La dépense en force motrice et en charbons-électrodes est de 15 centimes à l'heure pour cent carcels, soit 1/7 de centime par carcel.

Nous terminerons en disant que la durée normale d'une paire de charbons est de cinq heures. Un dispositif dû à M. Jaspar consiste à placer, dans les pinces porte-charbons, une série de cinq crayons et plus, séparés par des intervalles d'environ 4 millimètres et formant ainsi une paire de rateaux symétriques. Ces crayons brûlent par paire et il n'en brûle jamais plus d'une paire à la fois. Au moment voulu, le courant passe horizontalement à la paire suivante, et il ne faut pas plus de temps pour amener ces charbons à l'incandescence qu'il n'en faut aux extrémités des précédents pour s'éteindre. Il n'y a donc pas interruption d'éclairage. On essaie actuellement des charbons-mèches d'une durée de dix heures.

En résumé, le système Jaspar est éminemment pratique et son adoption est pour ainsi dire une nécessité dans les divers cas signalés par nous dans l'éclairage-type d'une place forte.

Défauts des régulateurs monophotes en général. — Le mode de réglage par le courant de travail entraîne comme conséquence les variations de lumière, suite des réactions dues au travail produit par l'attraction de l'aimant. En second lieu si nous voulons placer deux brûleurs A et B semblables sur le même circuit, et si nous voulons les régler pour une même longueur d'arc, *cas le plus favorable*, il faut que leurs charbons s'usent d'une façon absolument identique, ce qui est quasi-impossible, pour que leur fonctionnement soit régulier. L'écart entre les charbons de l'un sera bientôt plus grand qu'entre les charbons de l'autre ; les électro-aimants des deux lampes vont agir malgré cela de la même manière, puisque le courant entier est commun Lorsque les charbons de A seront trop éloignés, ils se rapprocheront, mais ceux de B qui ne l'étaient pas vont se rapprocher intempestivement et arriveront au contact. Si, au contraire, ils s'arrêtent simultanément, l'une des lampes s'éteindra ; le circuit est donc interrompu, l'extinction de la deuxième lampe a lieu. Les charbons se rapprochent, l'arc jaillit de nouveau, et les intermittences recommencent. Ces imperfections sont évitées par les lampes polyphotes.

Lampes polyphotes ; 1ʳᵉ classe : Régulateurs à dérivation. — Si sur le circuit principal dont l'arc fait partie, on greffe un circuit à fil fin très résistant dont on enveloppe l'électro-aimant, ce circuit n'est parcouru *ordinairement* que par un courant de dérivation très faible, insuffisant pour rendre l'aimantation active. Mais si dans le circuit principal une résistance assez forte s'établit, et cela a lieu lorsque la distance entre les charbons augmente sensiblement, la dérivation devient plus forte, l'électro agit et par un des mécanismes connus lâche les charbons qui se rapprochent ; la résistance de l'arc est diminuée et l'on est ramené au point de départ. Que le courant entier passe par le circuit principal, par le circuit dérivé ou simultanément par les deux, la même quantité d'électricité passe d'une lampe à l'autre, ce qui rend leur réglage indépendant ; le nombre de foyers qu'on peut placer sur un circuit n'est limité que par la tension du courant à utiliser. L'un des régulateurs à dérivation les plus employés est celui de M. Gramme (fig. 18). Le mécanisme est au-dessus. Il se compose de : 1° un électro-aimant à fil fin A attirant une armature à balancier B dont l'extrémité porte la lame d'embrayage C ; 2° un électro-aimant à gros fil D traversé par le courant de travail, dont l'armature E est attirée de haut en bas en entraînant le cadre porte-charbon inférieur pour produire l'écart de rallumage ; 3° une tige porte-charbon supérieur F dont la crémaillère engrène avec une série de roues dentées G dont le dernier mobile porte une étoile d'embrayage H ; 4° de ressorts divers RR' ; 5° d'un butoir I qui, en temps ordinaire, ferme le circuit dérivé, qui se sépare du ressort-contact K dès que l'armature B est attirée, afin de faire cesser le courant dérivé et faciliter ainsi le jeu du ressort antagoniste R'.

Quand le courant ne passe pas, le porte-charbon inférieur est soulevé par les ressorts R, l'électro-aimant A est séparé de son armature B, la lame C embraye l'étoile. Les charbons sont écartés. Si le courant est envoyé dans la lampe, l'écart l'empêchant de passer par les charbons, il passe par le fil fin de A qui attire l'armature balancier B. L'étoile H est désembrayée, le charbon supérieur peut descendre, il se rapproche de l'inférieur et le courant peut passer. Par ce fait, l'électro-aimant D devient actif et en attirant son armature fait descendre le charbon inférieur. Mais dès que le courant a pu traverser l'espace entre les charbons, la force attractive de A a disparu et par suite la lame C a embrayé de nouveau l'étoile.

La simultanéité du mouvement de descente du charbon inférieur et de l'arrêt du supérieur ont produit l'écart convenable. Le butoir E s'est remis en contact, et les phénomènes se reproduiront chaque fois que le courant éprouvera trop de difficultés à passer par le circuit dont l'arc est un des éléments

2ᵉ *classe. Régulateurs différentiels.* Le ressort antagoniste que nous trouvons dans les lampes à dérivation exige un réglage à la main lorsque, pour une cause quelconque, l'intensité du courant est modifiée. En remplaçant ce ressort par un électro-aimant de dérivation, de manière à ce que le mouvement d'une armature ait lieu par la différence du courant principal et de la dérivation agissant simultanément dans deux directions opposées, on a créé les lampes différentielles.

Les lampes *Siemens, Brush*, etc., sont basées sur l'action des solénoïdes. La première est composée de deux solénoïdes enroulés en sens inverse et placés l'un au-dessus de l'autre ; le mouvement du charbon mobile est commandé par un levier articulé avec un tube en fer doux se mouvant dans les solénoïdes ; si l'effet du courant principal est prépondérant, le barreau est attiré vers le bas. Il l'est vers le haut si la dérivation est supérieure.

La lampe *Brush* n'a qu'un solénoïde sur lequel les deux fils de résistance différente sont enroulés en sens inverse.

La lampe *Gérard* est la plus simple (fig. 19). Comme les deux précédentes, elle est disposée au-dessus des charbons et fonctionne avec des courants alternatifs. Le porte-charbon supérieur traverse un électro-aimant qui peut agir sur deux armatures A et B. A est reliée au porte-charbon inférieur, B commande un frein C qui règle la chute du crayon supérieur. L'électro-aimant à fil fin est mis en dérivation sur le courant principal, et lorsque la lampe est au repos les crayons ne se touchent pas. Si on lance le courant, l'électro-aimant qui seul lui offre un passage entre en action. L'armature A est attirée et les charbons se mettent en contact, car l'armature B attirée également a dégagé le charbon supérieur.

Dès ce moment, le courant, trouvant une voie plus facile par les crayons, abandonne l'électro-aimant ; le charbon inférieur descend et l'arc jaillit ; la vis frein s'appuie contre le charbon supérieur, et la marche continue régulièrement.

DES VEILLEURS AUTOMATIQUES

Les veilleurs automatiques sont des appareils qui, placés près de chaque lampe, servent en cas d'accident à celle-ci, à faire passer le courant par un autre circuit que celui de la lampe. Le veilleur *Gérard* (fig. 20) comprend un électro-aimant A excessivement résistant dont le circuit se met en dérivation sur le courant de la lampe. Une armature C soutient deux tiges D, E reliées entre elles et placées au-dessus de deux godets remplis de mercure G, G ; si la lampe cesse de fonctionner, le courant passe par l'électro-aimant qui attire l'armature. Celle-ci lâche les deux tiges qui tombent dans les godets et le courant trouve un chemin nouveau et éminemment facile par le mercure ; il abandonne le circuit dont faisait partie la lampe et l'électro-aimant. Une tringle verticale (non dessinée) permet d'enclancher le système lorsqu'il a fonctionné, afin de le remettre en état.

DES BOUGIES

Nous avons vu que le système dit des bougies consiste à placer les deux charbons parallèlement au lieu de les placer à pointe à pointe. *M. Jablochkoff* sépare les baguettes par un mélange isolant appelé colombin, composé d'une partie de sulfate de baryte et de deux de sulfate de chaux. Ce colombin se volatilise tranche par tranche sous l'influence de la chaleur développée par l'arc voltaïque. Les bougies sont montées sur des tubes de cuivre que les mâchoires des candélabres enserrent fortement. Pour avoir une usure égale, les courants utilisés sont alternatifs, et l'allumage se fait par l'interposition d'un petit filament de charbon reliant les sommets des crayons. Chaque bougie dure deux heures et si, l'on veut prolonger l'éclairage, on se sert d'un commutateur à main ou automatique pour faire passer le courant dans une nouvelle bougie en temps opportun.

M. Wilde, en 1878, inventa une bougie composée de deux baguettes de charbon parallèles, de 4 mill. de diamètre, placées à 7 mill. d'axe en axe et non séparées par une substance isolante.

L'une des baguettes est fixe, l'autre est placée dans un support basculant portant une armature qui est attirée par un électro-aimant. Au repos, la baguette mobile s'appuie contre sa voisine; lorsque le courant passé, l'arc jaillit, mais en même temps l'électro-aimant devient actif, attire l'armature, fait basculer le support et la bougie mobile se place parallèlement à l'autre.

Si l'on place autour de la bougie Wilde, un cadre formé d'une quarantaine de tours de fil parcouru par le courant, cadre dont le but est de diriger par influence magnétique le courant dans la partie du circuit formé par les baguettes, on a la *bougie Jamin* (1879). La bougie *De Brun* diffère de celle de Wilde par la méthode d'allumage qui se fait par la base, et par l'électro-aimant qui est en dérivation.

L'inconvénient capital des bougies est le vacillement de la lumière et la durée très courte de combustion d'une paire de charbons. Les bougies Jablochkoff ont seules la sanction de la pratique.

LAMPES A CHARBONS DISPOSÉS EN V.

Pour mémoire, citons les lampes type *Rapieff*, dont l'emploi n'est pas assez certain actuellement; le principe en est très ingénieux. Il consiste à placer deux charbons obliquement dans un même plan; ils viennent conséquemment buter l'un contre l'autre. Deux autres charbons également en V, sont placés en regard ou à côté des premiers (fig. 22); l'arc s'établira entre les deux intersections, et si les charbons jumeaux doivent rester l'un contre l'autre, malgré l'usure, la lumière sera régulière. Pour allumer la lampe, les deux pôles doivent être en contact; la disposition Wilde ou une analogue donne le moyen le plus commode d'atteindre ce résultat.

LAMPE A BLOC INTERPOSÉ.

Les lampes à bloc interposé ont pour type principal la lampe-soleil (fig. 23). Deux charbons viennent appuyer leurs pointes des deux côtés d'un bloc de marbre ou de magnésie. L'arc est forcé de suivre le seul chemin tracé, échauffe la matière réfractaire qui renvoie les rayons lumineux dans une direction unique. L'ensemble est enfermé dans d'autres petits blocs reliés entre eux. Cette lampe nous paraît pratique et à ce titre elle est de celles à essayer lorsqu'on sera chargé d'établir un système d'éclairage. Sa lumière jaunâtre est moins fatigante que celle de ses congénères

DE LA LUMIÈRE PAR INCANDESCENCE.

Rappelons que la lumière incandescente est produite quand un courant assez intense éprouve une résistance brusque dans le circuit qu'il doit parcourir, et lorsque la portion de conducteur solide réfractaire, créant l'obstacle, s'échauffe assez pour émettre des rayons lumineux. Ce phénomène peut avoir lieu à l'air libre ou en vase clos privé d'air: dans le premier cas, on est amené aux systèmes par incandescence à l'air libre; dans le second, aux systèmes par incandescence pure.

Incandescence à l'air libre. — Ce mode n'est à proprement parler qu'une espèce de lumière à arc, très courte, avec incandescence de l'électrode. Le type de cette classe est la lampe *Werderman et Reynier* (fig. 21) Elle se compose d'un bloc de graphite A contre lequel vient buter une baguette de charbon B de 2 1/2 millimètres de diamètre. Un très gros crayon de graphite C amène le courant dans l'électrode. Son effet est de limiter la portion incandescente. On enveloppe tout le système, très peu compliqué d'ailleurs, dans un globe de verre. L'intensité lumineuse est d'environ 8 carcels ; la force motrice nécessaire est d'un tiers de cheval-vapeur. Cette lampe est très susceptible d'emploi dans les locaux militaires, les magasins à poudre exceptés.

La lampe *Ducretet* à électrode-bloc tournant, la lampe *Sawyer* à incandescence dans l'azote sont des similaires de la précédente; l'usage en est excessivement restreint.

Incandescence pure. — L'incandescence pure se produit lorsqu'un filament de charbon très délié est porté au rouge par le passage d'un courant. Le charbon, moins conducteur que les métaux, s'échauffe infiniment plus que les fils qui ont amené le courant, surtout si sa longueur et sa finesse sont proportionnées à l'intensité du courant qui le traverse.

Les conditions d'une bonne lampe sont faciles à énumérer : il faut d'abord que le filament qui va rougir constamment soit placé dans un vide presque parfait; sinon lors même qu'il ne reste que très peu de molécules d'air, le charbon se brûle et se désagrège. Aussi enferme-t-on ces filaments dans des ampoules de verre de formes diverses : poires, œufs, etc., dans lesquelles est fait un vide quasi absolu. Ces enveloppes sont rétrécies en goulot et laissent passer deux fils de platine soudés à la paroi du verre. A l'intérieur, ils supportent le charbon ; à l'extérieur, ils sont réunis aux fils de cuivre conducteurs du courant de lumière. Il faut en outre que le fil de charbon soit *très fin* pour avoir une résistance suffisante; *très long* pour offrir une surface éclairante convenable ; très homogène et très tenace pour ne pas se désagréger facilement ; ne pas présenter de points faibles et résister longtemps aux nombreuses alternatives d'échauffement et de refroidissement. Ces fils de charbon doivent de même être renforcés aux points d'attache avec les fils de platine pour ne point rougir, car les dilatations et les contractions réitérées auraient vite détruit la liaison, qui doit être parfaite et sûre.

Nature de la lumière, dépense du fluide. — Dans les lampes électriques étudiées jusqu'ici, la lumière est due à deux causes : à la combustion du charbon, et à l'incandescence de la partie du crayon dont la température n'est pas encore celle de l'ignition.

Dans les lampes à incandescence, c'est la chaleur seule du passage du courant qui produit la lumière jaune qu'elles émettent. Cette teinte jaunâtre que les prospectus qualifiaient emphatiquement de : chaudes effluves dorées, teinte d'or, etc., est la conséquence de la difficulté que l'on éprouve à porter la température du filament à un degré suffisant pour obtenir le rouge blanc. La lumière est plus jaune par conséquent que la lumière solaire; elle n'a pas non plus cette froide teinte bleuâtre de l'arc voltaïque, que les petites flammes d'oxyde de carbone qui voltigent dans la partie la moins chaude de l'arc augmentent encore.

Quoi qu'il en soit, l'intensité lumineuse est d'environ un carcel; elle peut être augmentée, mais ce n'est pas là le but de cet éclairage domestique ; et d'ailleurs l'augmentation entraîne une dépense énorme en appareils et en force électro-motrice.

La lumière à incandescence coûte cher, car elle demande pour une quantité de lumière donnée beaucoup plus d'électricité que l'arc voltaïque. On admet, ou mieux nous admettrons, comme moyenne des nombreux chiffres maxima et minima renseignés dans les publications, qu'une lampe dont l'intensité est de vingt bougies consomme une force motrice de 6/100 de cheval-vapeur (dont le prix par heure est de fr. 0,03).

Le prix de l'éclairage est donc de 0.18 centimes par heure. Avec le gaz une lumière égale couterait 0,2 centime, avec un grand foyer électrique 0,06 centimes.

La question de supériorité n'a pas été tranchée par le jury, et nous sommes autorisés à croire que dans la pratique les systèmes se valent. Aussi nous les étudierons tous.

Système Edison. — Le filament est produit par des copeaux de bambou ; il est pincé dans des fils de platine et carbonisé dans un four sec, puis introduit dans l'ampoule de verre. On fond le verre autour des fils de platine. Le vide se fait au moyen de pompes à mercure (systèmes Sprengel, Geisler, etc.) basées sur le vide barométrique. Le vide achevé, on scelle le bas de la lampe en fondant le verre et mastiquant le goulot. La lampe est enfin réunie à son support, sur lequel on inscrit l'intensité de courant en unités (celle-ci étant l'intensité de courant fourni par un élément Daniell dans un circuit de résistance 1), nécessaire pour produire une lumière de 20 bougies. Cette lampe a une oscillation très fatigante à la longue. Nous l'attribuons à la source électrique qui alimentait le courant à l'Exposition. La durée d'un exemplaire est de 500 heures d'éclairage, après lesquelles le charbon est réduit en poudre. La fabrique d'Edison construit 2,000 lampes par jour ; le prix de *fabrication* est d'un franc tout au plus (fig. 24).

Système Swan. — Le filament de charbon est fabriqué avec un fragment de papier bristol, ou avec des tresses de coton d'environ 10 centimètres. Avant de carboniser le fil, on le plie en fer à cheval en lui faisant faire un tour de spirale en son milieu. Pendant qu'on fait le vide, on fait traverser le fil par le courant. L'inconvénient inhérent à ce système est une espèce de vaporisation du charbon dont le résultat est la production d'une sorte de poussière, d'une extrême ténuité, venant tapisser les parois de l'ampoule, et donnant à la lampe un aspect enfumé. Fabrique à Newcastle-on-Tyne. Dans la résidence de Sir W. Amstrong, une chute d'eau de 8 chevaux de force actionne une machine Siemens alimentant 74 lampes Swan (fig. 25).

Système Lane-Fox. — Fil de charbon végétal venant s'engager dans deux petits cylindres de plombagine où il s'unit aux fils de platine. Deux manchons de verre, munis de renflements sphériques à leur extrémité, entourent ces fils. Pour éviter la chaleur des fils de platine, M. Lane-Fox verse dans les manchons un peu de mercure, termine leur emplissage avec de la ouate tassée, et scelle le tout avec du plâtre. Des expériences sont faites actuellement à la bibliothèque royale de Bruxelles.

Système Hiram-Maxim. — Le charbon est façonné en forme de M. Il est plus gros que dans les autres systèmes. On le découpe dans du papier bristol, puis on le roussit entre des plaques de tôle. On le fixe dans la lampe après l'avoir plongé dans de l'hydrogène carboné et le courant le transforme enfin en charbon. Le système Hiram-Maxim diffère surtout des autres en ce qu'au lieu de laisser l'ampoule vide, on la remplit de gazoline et on y fait de nouveau un vide relatif. Les quelques molécules de gaz qui restent jouent, dit l'inventeur, un rôle rénovateur et viennent fortifier les parties minces du filament lors de leur décomposition. Nous ajoutons peu de crédit à cette affirmation, car la théorie sur laquelle elle se base nous a paru ultra fantaisiste. L'expérience nous convaincra sans doute, mais elle confirmera également que la lumière émise est trop rougeâtre, ce que nous attribuons à la difficulté qu'éprouve le courant de porter un charbon aussi gros à l'incandescence jaune-blanche (fig. 26).

Ce système est très employé en Amérique. La fabrication occupe 1,500 ouvriers.

ÉCLAIRAGE PUBLIC D'EDISON.

Nous terminerons la partie relative à la production de la lumière électrique par l'étude succincte du système Edison appliqué à l'éclairage public.

Distribution du fluide. — Des tiges réunies par des boîtes larges et plates, à plusieurs pans, servent de conducteurs.

Ces tiges pénètrent dans les boîtes et en ressortent avec des diamètres plus petits dans des directions différentes, soit pour continuer la ligne, soit pour desservir le circuit particulier par dérivation.

La machine dynamo-électrique a été étudiée ; mentionnons cependant qu'à l'établissement un modérateur non-automatique permet d'envoyer une force électromotrice à peu près constante. Edison s'est préoccupé de rappeler dans les installations de son éclairage celles du gaz; ainsi les commutateurs permettant de lancer le courant dans le circuit ou de l'en retirer ont la forme d'un robinet à gaz qu'un ressort oblige à prendre exclusivement deux positions symétriques.

Les fils courent comme ceux des sonnettes électriques, dans les locaux éclairés Le danger d'incendie, qui est imminent si l'intensité du courant est trop forte pour la conductibilité des conducteurs est écarté par l'adoption du cut-off. Cela consiste à mettre à la suite de chaque soudure dans les boîtes un fil de plomb dont la nature et la section sont telles qu'il forme la partie la plus résistante du circuit dérivé. Il fondra donc si la chaleur devient trop considérable et le circuit sera interrompu ; donc plus de courant et partant danger écarté.

Le système comporte un compteur formé de deux vases renfermant une dissolution titrée de sulfate de cuivre ; les conducteurs aboutissent à des tiges de cuivre. Sous l'action du courant, la tige positive se rongera, la tige négative augmentera progressivement au contraire et, si on a préalablement suspendu ces tiges au fléau d'une balance, on pourra mesurer la quantité d'électricité qui a traversé les tiges. En effet, lorsque le courant passe, l'une des tiges perd de son poids tandis que l'autre augmente d'une quantité égale. Après quelque temps, la balance trébuche, et ce mouvement fait avancer l'aiguille du compteur d'une division et agit en même temps sur un commutateur. Ce qui était la tige négative devient la tige positive et se ronge à son tour.

La balance trébuche en sens inverse lorsque le poids du cuivre sera égal à celui déposé dans la première partie du passage. Le compteur marche de nouveau et le commutateur également; le reste se conçoit aisément. Ce n'est évidemment pas tout le courant qui passe dans le compteur : Edison en fait passer la cinquantième partie et ce fluide est perdu. L'unité d'électricité est arbitraire : c'est par exemple le poids d'un gramme déposé en une heure.

Les inconvénients sont nombreux : 1° Compteur; les indications sont incertaines car si la quantité de cuivre dépend seulement du courant, l'intensité de celui-ci dépend de l'état du bain variable avec la concentration des liquides, la grandeur superficielle des surfaces plongées, etc., choses peu stables avec des vases à l'air libre. En outre, les points de contact se rouillent par l'humidité, le couteau de la balance s'oxyde, etc. Enfin, ce phénomène curieux se produira : les sels de cuivre monteront le long des parois par capillarité et déposeront des cristaux efflorescents sur l'extérieur. Quelle sera l'influence de ces diverses causes d'erreur ? La pratique seule l'établira d'une façon positive.

2° Circuit. On sait que les matières isolantes absorbent une partie de l'électricité passant dans les fils, et qu'elles la rendent lorsque le courant a cessé. Les transmissions très irrégulières dont les câbles sous-marins ont donné de nombreux exemples, sont une preuve flagrante de cette cause de déperdition. On ne peut donc prévoir comment se comporteront les tiges isolées d'Edison. Ces questions n'ont pas jusqu'ici reçu de solution ; les résultats obtenus sont satisfaisants, mais absolument rien de plus ; aussi nous regrettons qu'aucune nouvelle expérience sur une grande échelle (éclairage d'un quartier d'une ville par exemple), n'ait été tentée depuis l'Exposition.

ÉCLAIRAGE MILITAIRE.

Le matériel existant actuellement est beaucoup trop restreint. La France seule avait exposé les appareils du colonel du génie Mangin construits par la maison Sautter et Lemonnier. Le type le plus sérieux est une locomobile à chaudière Field, à machine dite Brotherhood actionnant directement une machine Gramme produisant un foyer de 2,500 becs carcels.

Sauf l'espèce de miroir employé, le projecteur français ne diffère en rien de ceux que possèdent les puissances militaires ; nous nous contenterons d'en décrire l'organe principal.

Les miroirs paraboliques coûtent très cher, les lentilles absorbent beaucoup de rayons lumineux, aussi le colonel Mangin a remplacé le miroir parabolique par un miroir aplanétique formé par un bloc de verre concave convexe dont les deux surfaces ont des rayons de courbure différents (fig. 27). La surface convexe argentée a un plus grand rayon que l'autre. Le miroir est donc plus mince sur l'axe que sur les bords. Les rayons d'un foyer électrique sont recueillis par une lentille qui les projette sur le miroir, où ils se réfractent deux fois en sens opposé, et finalement sont envoyés suivant un parallélisme à peu près absolu. On peut agrandir le champ d'éclairement en écartant la source lumineuse du foyer du miroir. Enfin, pour aplatir davantage le faisceau, on place en avant un disque disperseur formé de lentilles plano-cylindriques qui réfractent vers l'horizontale les rayons qui, dirigés vers le ciel, eussent été perdus. On peut reprocher à l'ensemble un poids trop grand, et au projecteur une consommation de lumière assez considérable, surtout si l'on emploie le disperseur. Il semble plus rationnel d'étendre le champ sans perte de puissance éclairante par un simple déplacement. C'est pourquoi nous n'avons pas cru devoir préconiser le système Mangin ; à notre avis, les miroirs paraboliques combinés avec un foyer à régulateur seront certainement plus utiles et moins encombrants. Le prix d'achat ne doit jamais entrer en ligne de compte lorsqu'il s'agit d'appareils de cette nature, car sur leur perfection reposent, au jour du danger, l'indépendance des nations, l'intégrité de leurs territoires.

Appareils militaires basés sur la lumière par incandescence. — La lanterne que nous avons dessinée fig. 6 est la seule application qui rentre dans cette catégorie. Elle se compose d'une lampe A d'un système quelconque vissée à un couvercle en cuivre B. Un bocal cylindrique en glace épaisse C, rempli d'eau, est placé sur un plateau D percé de trous. Six boulons E servent de liaison entre le plateau et le couvercle, protègent en même temps le bocal, et permettent au moyen des écrous G d'opérer un serrage gradué tel qu'une rondelle de caoutchouc H soit suffisamment comprimée contre le bord du vase pour rendre la fermeture hermétique. Nous avons cherché à réaliser un système permettant un nettoyage très facile, rendant aisé le remplacement du bocal ou de la lampe. En augmentant le diamètre d'un des boulons E et perçant un trou dans la partie supérieure filetée, on pourra y

introduire la branche d'un cadenas de sûreté qui rendra impossible sans clef
spéciale l'ouverture de la lampe. Cette lanterne peut être portée à la main ou
être suspendue; elle est la seule qui donne de la lumière vers le bas.

Le manque d'espace ne nous permet pas de décrire notre système destiné à
diminuer le nombre de foyers lumineux nécessaires au service des places fortes.
Il consiste à adopter des foyers mobiles portés par de légers véhicules basés sur le
même principe que les échelles de sauvetage Porta. Nos lecteurs combleront
cette lacune, et nous ne doutons point que d'ici à peu d'années, les armées possèdent les appareils réunissant toutes les qualités indispensables aux divers genres
de services qu'ils seront appelés à rendre

Puisse cette étude être l'un des premiers jalons de la voie nouvelle ouverte à la
science militaire par l'Exposition d'électricité de Paris en 1881.

Bruxelles. — Imprimerie A. Lefèvre, rue St-Pierre, 9.

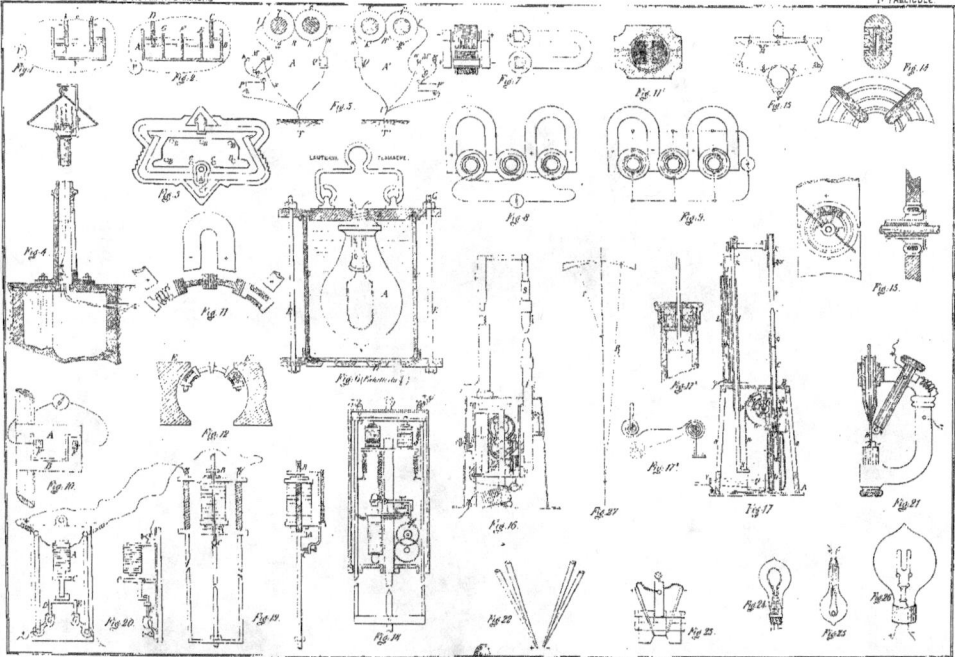